目次

はじめに

福祉とは、なんだろう。

ある小学五年生のベトナムの女の子が、学校の運動会で校庭を一周する競争に出た。前を走っている日本の同級生が転んで、うずくまり泣き出した。ベトナムの子が走り寄り手を差し出して起こし、手を繋いで一緒に走り出し、ゴールした。でも、ビリ。

担任教師が「これは競技だから助けなくていいんだよ」と教えると、ベトナムの子が「助ける、なぜ悪い!!」と、先生に食って掛かった。助け合うこと無しには、国から逃げ出すことが出来ない経験を持つに違いない。

「助ける、なぜ悪い」の叫びが、福祉の始まりと言えようか。

なぜ、他人を助けるのか。

網脇龍妙という僧侶が、身延山にいた。

山の下の河原にハンセン病者たちが世間から追われ、乞食をしながら掘立小屋に住んでいた。迫害され、他に居場所が無かった。

この病者のために網脇は療養所を建て「身《み》延《のぶ》深《じん》敬《きょう》園《えん》」と名付けた。忌み嫌われた病者一人ひとりを深く敬うからである。

人権とは、人間の権利であるが、真意は人格の尊厳を示す。人間＝パーソナリティは、人間のうちにペルソナ＝神のイメージが宿されている故に、何者も侵すことのできない尊厳を授かっているので、尊敬して助ける。

この人間観が、福祉を根源的に支える。

ところが、人間はいつも自己優先で、他人は相対的、自分は絶対的と認識し、自己絶対化に生きようとする。これが人間の現実で、罪なのである。

仏教学者鈴木大拙が「人間存在そのものが原罪である」と指摘した。

一分、一時間、一日と淡々と過ぎていく時間をクロノスという。それに対して人間を超える上から、突如時間に介入する力をカイロスという。天から罪の許しの手が差し伸べられる。赦しを受けた者が、その喜びを表現する行動が、サービスなのである。

ソニーを創業した井深大に障がいを持つ娘、多恵子がいた。「多恵子は私の十字架」と、父親としての重い責任を吐露したが、同時に「多恵子は私の光」と告白する。多恵子の発する光に照らされて、後半生、深く福祉にかかわる。互いに光に照らされて、人生を歩んだ。

ここに、助け助けられる、出逢いが起こる。

出逢いとは、人と人が相対して、魂の触れ合いによって互いに心を豊かにされる出来事を指す。

これを、更に「みんな」の世界に拡げられたら――。

マリアンヌという女の子は両親と日本に在住していたが、不幸にも両親とも病で亡くなる。日本の制度によって児童養護施設に収容されるが、母国スウェーデンから、引き取りたいとの申し出があった。両国に未だ協定がなく、複雑化して裁判になった。

席上、総領事が「スウェーデンには、一人の孤児に養育希望者が一〇〇人います」の申し立てで決定的になった。日本では、一〇〇人の孤児に一人ボランティアがいるかいないかの出来事。

けれど、わが国でも事態は好転しているではないか。

阪神・淡路大震災に、全国から集まったボランティア一三六万人――ボランティア元年とよんだ――。東日本大震災に一四七万人。

東日本大震災の時、一六歳の男子高校生が津波で逃げ、引いたので戻るとあたり一面家々が洗い流されたのに、自分の家は残っている。少年は、避難所にとって返し、家を流された人々の前で「申し訳ありません」と深々と頭を下げた。私は、この少年に学ぶ。

七〇余りの刑務所の受刑者が自主的に義援金を集め、その額六〇〇〇万円。自己利益のため他人の利益を犯した人が、災害の実情に心を揺さぶられ、はじめて他人の幸せを願った。この心を掘り起こし、広げることが、福祉の文化の課題に違いない。

私が、福祉を志したのは二三歳の時、そして、社会福祉の現場で五〇年。苦労がなかったわけではない。けれど、五〇年を振り返ると、「楽しかった」の一言につきる。希望を失うことが無かったのは幸いであった。

世界の聖女と呼ばれた三重苦（口、耳、目に重度障がい）のヘレン・ケラーが「月を見なさい。月をみて夢を描けない人はみじめ」と言う。

人間＝アントロポスとは、「上を仰ぐ」の意。下を向く動物と異なる。

美しい夢を、明日への壮大なビジョンを描こうではありませんか。

「福祉とは、天が与える極めなき齢を全うして、喜びにあづかること」

（易林）

阿部志郎

第一章

若い「福祉」を目指す人に

横須賀基督教社会館会長　阿部志郎

第一節　これからの福祉――選ぶ福祉・参加する福祉――

電車に乗るのに、券売機にお金を入れて切符を買います。機械の性能はよくて、間違いはありません。あの券売機が出回り始めたころ、お金を入れてもよく切符がでなかった。性能が悪かった。駅員に切符がでませんというと、「本当にお金を入れたか」と聞かれた。私たちは発達していく機械は信用する。でも、人間と人間の関係がますます開いて薄くなっていくのが二一世紀社会です。

それに対して福祉は人と人の関係だと申しました。これからの社会はますます手間を省いていきます。人間がすることを機械にやらせる。人間がなるべく手間を抜く。手間を抜く社会が拡大していくなかで、福祉は手間をかけるのです。手間を省く時代の中で手間をかけることの意味をお互いに問い、それを確認しなければ、これからの福祉が成り立つことができないのです。

福祉がなぜ、人と人の間に成立しなければならないのか。知的障がいの子供の、仕事をなさった先駆者に、糸賀一雄氏が滋賀県におられました。この方が「この子らを世の光に」とおっしゃったんですね。
私たちの福祉の発想は、知的障がいの子供に世の光をあてようというのです。それに対して糸賀一雄氏は、いや、この子らこそ世の光なのではないかという新しい発想をお出しになった。戦後五〇年、〝ゆりかごから墓場まで〟等々、いろんなキャッチフレーズが使われましたが、「この子らを世の光に」ほどインパクトをもった言葉はありません。なぜ、この子らを世の光にするのか、しなければならないのか。

アメリカの視覚障がい児――目の見えない子供です――の施設へまいりました。玄関に大きな写真がかかっています。二人の男の子、小学一年か二年くらいの男の子の写真で、一人の子がもう一人の子の肩を抱いて、耳元に笑顔で何か囁くと、もう一人の子がもう少し上の方を向いて、にっこりその話を聞いているという、かわいらしい写真でした。二人とも視覚障がい、目が見えない。一人が白人の子、もう一人が黒人の子でした。
その下に一行字が書いてありますので近寄って見ました。〝THE BLIND ARE ALSO COLOR BLIND〟――「目が見えない人は色彩（COLOR）に対しても判別できない」。先天盲の場合は色の判別ができないだけでなく、見えるということがどういうことなのかが理解できない。だから目の見えない子供は色が分からない。当たり前です。なぜ当然のことが書いてあるのかと思い、その字を見ているうちにはっとしました。

〝COLOR〟は私たちにとっては色を意味する。ピンクとか白を〝COLOR〟と申します。でもアメリカでは特別の意味があり、〝COLOR〟は人間の皮膚の色を指す言葉なのです。皮膚が白いか黄色いか黒いか――なかでも黒い黒人を〝COLORD〟（カラード）といって差別してきました。今アメリカはそれに苦悩しています。

そうしますと、目の見えない二人の子どもは、目が見えないが故に相手が白人であるか黒人であるかの偏見がない。肩を抱いて二人でにっこり笑っていられる、という意味だと理解いたしました。私は目が見えます。目が見えるとつい、見なくていいもの、見てはならないものを見たい。本当に見なければならないものはなかなか見えません。相手が誰であるか気になり、時にはそこから一歩も進めなくなる。人種的偏見です。ところが視覚障がい者は目が見えないが故に、相手が誰であろうとその人格の深みにまでおりてゆく可能性を与えられるのです。

私のように目は見えるが心の目が曇っているものと、肉眼は見えなくても心眼の開かれているものが相触れ合うことによって、お互いの魂の眼《まなこ》を開きあう、これが福祉なのです。だから人と人とのかかわりが命なのです。社会の変革に従って、福祉のシステムも変革していかなければなりませんが、福祉の命だけは守っていかなければならないと、自分に言い聞かせている次第です。

阪神淡路大震災の翌週、私は神戸へ参りました。雨が降っていました。そのなかを、十代の若いボランティアたちが一所懸命働いていました。その若者たちが自分の体を雨に濡らしながら、救済物資だけは濡らすまいとひたすら体でかばいながら、避難所に運んでいる。感動しました。これが無気力、無関心、無責任と言われている若者の実像なのかと思ったのです。そこにやさしさを見ました、「優しい」という字は、憂いに人がかかわると書きます。人の持つ憂い、苦しみを分かちあい、痛みを共有することによって、やさしさが生まれ育つのです。

私たちは「優しい」という字に、もう一つの読み方をしてきました。それは優等の優で日本の社会が要求したのは優等生であります。この優等生を送り出すために、教育も協力をいたしました。福祉もまた力を貸したのです。例えば昭和二四年、一九四九年に身体障害者福祉法という法律ができました。なんて書いてあるかというと、身体障害者は自ら障害を克服し、経済社会活動に参与できるよう努めなければならない、と目的に書いてあります。

どういうことかと申しますと、当事者責任なのです。自分で努力しなさいということが一つ、もう一つは、社会は生産社会である。事故などでその生産社会から脱落した人に、もう一度帰ってらっしゃい、生産社会に帰りなさいと呼びかけた。そのためにリハビリテーションを提供した。これは戦後、非常に発達しました。リハビリテーションを受けて帰っていらっしゃい――帰ることを〝社会復帰〟と言ったのです。帰る場所はまた生産社会であります。

このことの誤りに気づかされたのは一九七六年です。国連がハビタットという会議を招集しました。これは居住環境に関する会議でしたが、このときにリハビリテーションの意味を知らされました。リハビリテーションというと、体の機能が失われて、それを回復することだと思っていました。ところが、リハビリテーションの意味は「人間の権利の回復」、人間性そのものを回復することだと知らされ、それから考え方を大きく変えてきたわけです。

障がい者が社会に戻ることではなくて、障がい者に社会が近づいていくのが、本来のリハビリなのではないか。社会のシステムにあうように障がい者が訓練されて復帰するのではなく、社会そのものが障がい者の方に歩み寄っていく。社会そのものを柔軟に変えていくことが、リハビリテーションの意味であろうと思います。

しかし今までは社会が厳然とあって、適応できなければ脱落するのです。その社会そのものを変革することが、システムの転換でなければならないと考えるようになりました。優秀な人間をつくってきました。その優等生たちが、今日の問題だらけの社会をつくったのです。これからの新しい社会が求めなければならないのは、心のやさしさをもっている人間なのではないか、やさしさを秘めた人々をこれからどうやって育て上げていくかが、課題でなければならないと思います。

これからの新しい福祉に関連して一つだけ申し上げますと、二年ほど前、横須賀基督教社会館の建物を改築しました。夢がございまして、改築するに際して、私のなかにある考え方を少しでも実現させたいと…。私は二一世紀に対する目標を自分で設定しました。三つ。大変簡単です。どういう社会を作りたいか。

第一、「安心して子供を産み育てられる社会」。子どもを産まない自由も含め、安心して子どもを産み、安心して子どもを育てられる。今は育児不安の時代で、安心できない。安心して子どもを育てられる社会をつくりたい。

第二、「長寿を喜べる社会」。いま年をとることは苦しみです。それが老人ご自身も、また社会も長寿を祝福できる社会にしなければならないだろうと。

第三は「みんなで共に住み、参加する社会」。この三つです。

この三つを実現する第一歩として、建物を建て替えようと思いました。私どもにはいろんな仕事があり、産休明けの赤ちゃんの保育から、学童保育の小学生たちが五〇名来ています。認知性の老人、虚弱性の老人、身体障がい者のデイサービスをしています。さらに知的障がいの人々の活動センターをしていますし、在宅介護支援センターもあります。それからリハビリテーションや診療所もあるというふうに、小さいですけれどもいろんな仕事をしています。これを一つの建物のなかでおさめよう、そのことによって触れ合いを起こそうと建物を建てました。

市役所の一六の違う課と折衝せざるを得ませんでした。これだけの仕事を持っていますと一六に渡る。福祉住宅があり、高齢者、障がい者、母子だけが入れる住宅をその中に持っており、それを含め一六の課と折衝をする、一六の課のおっしゃることが全部違います。そして建築の検査の時こう言われました。「基準によって障がい者と老人、全部遮断して下さい。階段はなくして下さい。入り口は別にしろ」という指導で、これはもちろん私も受けませんが、これが現実なのです。すなわち縦割り行政。

例えば、障がいの原因によって分けた。もう一つは児童、老人という分野によって分けて制度をつくってきた。これが国から県、県から市町村になりますと、ますます細かく分化されていきます。これをなんとか総合化するのが政策の課題で、介護保険は地域で医療・保健・福祉の連携を図るというのがねらいの一つです。だんだんそうしていかなければならないのですが、実際には法律、制度が分かれていますから、そう簡単に総合化できない。これが悩みです。これを総合化していくのが、地域福祉の課題ですので私は今回の法改正のなかで、なんとかそのことがしたいと思って、一生懸命主張しているところです。バラバラになっている福祉をもう少し束ねることはできないだろうかと、願っているところです。

事々左様、五〇年の戦後だけでも歴史がありますので、既存の制度が根付いており、それを変えていくことは容易なことではないと思いますが、ただ新しい世紀を迎えるのですから、今変えないことにはチャンスは再び巡ってこないだろうという気持ちをみんな持っており、一生懸命システムの改善に取り組もうというところです。

福祉の改革をしていくなかで福祉の仕事をしていくことに、どういう意味を持ち得るのか。福祉の仕事をするものは、いつも自分に問いかけているだろうと思います。特別養護老人ホームで一人のお年寄りが亡くなりました。この方が亡くなる前、寮母にこうおっしゃった。「この次、生まれ変わるときは、世話をする人になりたい」と。六年間寝たきりで、寮母、看護婦、指導員の世話になってきた人の、これが切実な遺言でした。今度生まれ変わったならば私が世話をする。人が人の世話をする、人が人を助ける、人が人に仕える、人と人が共に生きる、それは何という幸せであり、人間的栄光なのではないでしょうか。

（一九九八年一月二十三日あじさいセミナーにて）

第二節　専門職――人間としての完成を目指して――

阿部　私が横須賀基督教社会館に来ましてすぐ起こったことです。

朝、部屋にいましたら、普通は受付を通って見えるんですが、受付を通さずに私の部屋をノックしまして一人の母親が入ってきたんです。入ってくるなり「泣かせてください」と言うんですよ。そして部屋の隅に向うを向いて立ったまま泣いている。私は黙って待ちました。見ますと、その時四、五歳の男の子をねんねこでおぶっているんです。そしてよく見ますと明らかに男の子は脳性小児マヒだとわかりました。

その母親がこう言ったんです。

バスに乗って、子どもを傍らにおいて不自由ですから肩を抱いて座っていると、次の駅から同じ年頃の健康な男の子を連れた見ず知らずの母親が乗ってきて向かい側に席を占めた。その子が、いたずらッ子なんでしょうね、いろんな悪さをするんでしょう。窓枠をガチャガチャなんかする。母親が叱る。それでもやめない。乗客の目がありますから叱るに窮したのでしょう。その母親が「そんなおいたをすると、お前はああいう子になるよ」と、脳性小児マヒの子を指さしたんです。その母親が、「この子のために私は大抵のことは耐えています。でも、今朝は泣かずにいられません」と言われた。

私はその時駆け出しの若造でして、胸が熱くなってきましたね。この子のために何かしようと決心しました。それが脳性小児マヒのお子さん方をお預かりする私の動機でした。するといっても法律はないし、補助金はないし、委託はできないし、何もないわけですよ。でもやろうと思った。お金に困りましたけれども、ずいぶんたくさんの人が助けてくれましてね。

いいお医者さんがいました。この施設の少しはずれにある病院から整形外科の先生と、それから車で一五分かかる所の共済病院の小児科の先生が、毎週一回昼休みにタクシーで往復して、八年間二人ともボランティアでずっとやってくれました。

なぜ私がそれをしようと決心したかといえば、「そんなおいたをするとお前はああいう子になるよ」と言った母親の姿を私の中に見たからです。同じですよ。自分の子をよくするためには人を押し分け、障がい児であろうと踏み台にして正そうとしているのは親の欲求ですよ。私はそれを自分で罪と認識しました。それは私の罪ですよ。自己中心です。だから福祉の仕事をするというのは人のために何かをすることですけれども、それは同時に自分の中にある弱さ、醜さをいかにして乗り越えていくかという努力のプロセスでなければならないのだろうと思います。

私は、特に専門職になる人はそのことを自分自身でしっかりと自分の弱さを自覚すべきだと思います。自分の持つ弱さを。それはサービスをする相手によってはじめて自分が支えられる、そういう認識が必要じゃないかと思います。

さらに言いますと、ケアでしょう。ケアという言葉はカルースという言葉から出てくるんです。カルースという言葉の意味は、価値あるもの、愛すべきものという意味です。ただ単にお世話をするという意味ではない。これはラテン語です。ということは愛すべき価値があるからサービスする、そういうことだと私は思うんです。相手に光を見た。井深さんはその光に照らされたわけでしょう。だから愛すべき対象を見いだすということは、相手に光を見いだして、その光に自分が照らされるかどうかです。私の言うのは言葉の意味です。

それが出会いということじゃないでしょうか。出会いってやっぱり自分の存在そのものというか、実存が支えられることです。

ボランティアとの関係

私は教えられました。それは何を教えられたかというと、私どもサービスをする主体というのは、私はここの施設もそうですが、いろんなサービスを考えて、そして専門のワーカーを配置します。整って来る、そうすると地域の人に対して「これだけサービスがありますよ、ご利用になったらいかがですか」と、こういう会話をする。「これだけあれば生活できるでしょう、デイケアにもおいでください」と。私は逆だったと思いました。そうじゃなくて一人の年寄りが生まれ育ったところで老いて死にたいのならば、地域のあらゆる資源を動員してそれをサポートする、これがサービスじゃないか、主体を変えるべきだと、こう思いました。

ところがいまの私どもは寝たきりのお年寄りのところにヘルパーも看護師もPTもドクターもケースワーカーもバラバラで行く。まあ時間的にようやくケアマネージャーが調整をするという、まだこんな段階です。ボランティアにしても機能的な協力がない。これをいかに作っていくか、それはやはり一人の人生をどうするかにかかってくると思いますね。いままでは医療は命を一日でも永らえさせる。福祉は生活を考えてきました、家族、地域という生活を。命も生活もライフも、でもライフというのは何よりも人生ですよ。だからその人のもつ生病老死という、人生そのものというか、人生の全体性をまず視野に入れなければいけないだろうと思います。

一人の人生の全体性に対してはサービスはトータルであるべきじゃないか。いままでのように個別なバラバラの縦割りではなくて、トータルなサービスをこれからしていかなければならない。でも現実には保健・医療・福祉といまだに縦割りのままです。これをどう変えていくかという、そういう大きな課題をもっていると思いますね。

ようやくいま新しい法律によって全国の自治体、地方公共団体が地域福祉計画を作って、そして全国の社会福祉協議会が地域活動計画というのを作っている最中です。この地域福祉計画の狙いは、いままでの高齢者保健福祉計画、エンジェル計画、障がい者計画という個別計画を地域において総合化するという狙いをもっています。地域においてその調整を図ろうと、ようやくそこまでまいりましたので、これからそこに派生をする機能と役割がどう協働できるかという問題が進展をしていかなければならない。これからですよ。医学でいうと、ようやくパラ・メディカル（para-medical）からコ・メディカル（co-medical）に移ったわけですよ。コ（co）というのは一緒にやりましょうということですから。

人間としての完成を目指して

阿部　一言でいえば、専門職である前に人間であれ、私の気持ちはそれに尽きますね。やはり感性が豊かで、教養がなければ技術は生きないです。

司会者　阿部先生のお言葉の中に、宗教というものと非常に深い関係があると思うんですが、若い人々の中にはそういう確固たる宗教という気持ちがまだないかもしれないんですが。

阿部　ない、でもそれはいいんですよ。宗教とは決して言いませんよ。でもさっき申し上げた、やっぱり自分をこえる世界をどこかに持ってないと、そうしないと自分を狭くする。

司会者　それを自分が認めなくてはいけないわけですね。

阿部　そう思いますすね。いま起こっている問題にしましても、たとえば生命倫理にしろクローンの問題にしろ、移植の問題にしろ、やはり一人の人間という世界だけでは解決しえない次元に来ている。明らかだと思いますね。いま出会いとおっしゃいましたが、出会った中であそこに（館長室の壁を指して）飾ってある若い女性が井深八重さんの若い時なんですけどね。この井深八重という女性はハンセン病者として療養生活を送った後にハンセン病でないことが判明しました。この時に井深八重さんは社会に戻ることができたにもかかわらず、施設にとどまって献身した。そして看護婦になって以来七〇年働きました。

井深八重は気持ちの温かい人でした。私が「これから行きます」と言って電話すると、必ず鰻丼を注文してくれている。「あなた好きでしょう」なんて言って、いつも鰻丼でした。そして帰りにはちゃんと修道院で作ったクッキーを持たせてくれました。そういう人でしたが、一九八九年五月一六日という日が復生病院の創立百周年だったんですよ。百周年で盛大なお祝いをしたんですが、その席で井深八重さんは藤楓《とうふう》協会、これは大谷先生が会長をしているハンセン病の団体がありまして、その協会から特別表彰を受けることになったんです。大変楽しみにしていたんですね。その二週間前に井深八重さんは倒れたんです。それで御殿場のフジ虎ノ門整形外科病院に入院をしたというので、家内とすぐに見舞いに行きました。

そうしたら井深さんが、「表彰を貰うのはいいんだけれども、困っちゃうのよ」と言うのですね。「何で困るんですか」と言うと、「挨拶しなきゃあいけない、私は嫌なのよ、あれが。何と挨拶していいかちょっと書いてちょうだい」というので、しょうがないねということで書かされたりして、そして楽しみに待ってたんです。

ところがだんだん病状が重くなりまして、それで亡くなったのがお祝いの前日一五日の晩だった。それで一六日のお祝いの席では伏せました。そして式典が終わってから実は井深さんが亡くなりましたと言いました。それで皆さんが列を作って遺体にお別れをした。総裁の高松宮妃殿下は声を出して泣かれた。私はさすが井深さんだと思いました。生きていたら面会謝絶ですよ。でも死にましたから全部の人とお別れをしたんですよ。いや恵みだなと思いましたね。

その井深八重さんが、亡くなる二日前に、その看護師や同僚のシスターたちが集まってきた時に、「皆さん、私をこんなによく世話をしてくれてありがとう、私はこれからいいところに行くんだから喜んでちょうだい」というのが遺言です。それで死に顔は微笑みを浮かべている。あれが人生ですね。微笑みを浮かべながら死ねる。これじゃないでしょうかね。

それはいいところへ行くからなんですよ。いやあー大した人だなと思いましたよ。

それは実は一昨日にホスピスの講演会をしまして、講師が千葉茂樹という映画監督なんですよ。マザーテレサを撮った監督ですよ。いい話をしてくれました。千葉さんといろいろ話をして、千葉さんはゼノの映画を作った。これはアニメですよ。ゼノさんの思い出話を千葉さんとしたばかりなんですけどね、ゼノさんというのは最後は清瀬のベツレヘムの園という修道院の療養所で亡くなるんです。私は亡くなる前にお見舞いに行ったんです。そうしたらベッドに横たわって、時々息が途絶えるんですよ。もちろん話はできない。でも私のいることはわかってくれた。そういう状態でしたが、顔が輝いているんですよ。日本語でいえば神々しいという印象でした。あぁ、これがやはり捧げ尽くした人の顔だなと思いましたね。光っている。いや、人間ってやっぱり最後でその人の生きてきた生涯というのが表れるんじゃないですかね。そう思いました。井深八重さんにしても、いい顔をしてましたね。

夢立つ

第三節　福祉の文化の創造

(一) ヨーロッパの文化から学ぶ

老人の問題は単なる老人の問題ではなく、それは社会構造が生み出す問題という意味で新しく作られた言葉で、それに苦悩しているのがヨーロッパ、アメリカ、日本。言い換えれば、文明が発達し豊かになった国の持つ矛盾として現れてきたのです。

そして、ここに戦後私どもが作ってきた人間観が現れてきたのです。戦後の日本社会で、どういう人間が尊重されたかといえば、人間を評価する基準がいつの間にか、生産性におかれました。障がい児はこの生産性を持っておりませんので、就学権を与えられずにまいりました。効率、スピード、知能、学歴、家柄、生まれです。これが定着しました。

教育は平均主義。平均以上の、効率の高い子供を世に送らなければならなかったのです。そこで子どもを輪切りにし、偏差値を設けました。平均以下の子どもを落ちこぼれと、嫌な言葉で呼びます。そして、ここからいじめが起こり、家庭内暴力、校内暴力、今の新しい言葉で学級崩壊、傷害、殺人、自殺。そして、ここ数年前から虐待あるいは暴力という新しい問題がさらに起こってきているところです。私どもも苦しんでおりますが、子どもも苦しんでいます。

昭和三六年に国民皆保険、国民皆年金を達成しました。ということは、戦後二〇年にして社会福祉体系を作り上げたのです。この社会福祉体系が新しく起こってくるニードに応えられないという悩みを抱くようになりました。

ヨーロッパから明治以降、私どもは随分たくさんのものを取り入れてまいりました。例えば、社会保障、これは英国に学びました。介護保険、ドイツです。老人福祉、北欧でした。ソーシャルワークの理論と技術、アメリカであります。多くの良いものを摂取して、日本の社会福祉を、ふくらませてまいりました。ヨーロッパに追いつけと、お互いに努力をし、多くを学んでまいりましたけれども、何か足りないものがあったのではないかと。ヨーロッパに追いつけと懸命に走ってまいりました日本の経済は、ヨーロッパを追い越しました。追い越した途端、目標喪失でした。

社会福祉では、ヨーロッパから多くのものを教わった。今やヨーロッパから学ぶものはないと豪語なさる方も少なくない。それだけ私どもの福祉は整備されたといえましょう。しかし、今になって振り返って、やはり欠けたものがあったのではないか。何か大切なものを見落としたのではないか。何を学ばなかったのか、という思いを抱くときに、私はいくつかのことに気がつくのです。

その第一は、一人という考え方です。人間あくまで、ひとり。デモクラシーには二つの大きな柱があります。

一つは最大多数の最大幸福の実現です。できるだけたくさんの人に、できるだけたくさんの幸せを実現しよう、というのが民主主義です。ここから生まれた政治の方法が多数決です。今、日本の政局も、アメリカの大統領も、この票数をめぐっての争いです。一票でも多く取った方が多数決の原理で勝ちです。多数を制すれば、横暴になり、全体を支配することが起こります。それでも王様や殿様が一人で物事を決めたよりは、はるかにいいと言えるわけですが、多数の持つ横暴という問題にどうブレーキをかけるか、ここにデモクラシーのもう一つの柱が設定されています。

それは、人間は一人以上にも一人以下にも数えてはならないという原則です。

福沢諭吉はこれを「天は人の上に人を造らず、人の下に人を造らず」と、まこと巧みに表現しました。一七四五年頃ですけれども、安藤昌益という町医者が、封建主義を批判し、「人は万民なれども一人なり」と、主張しました。おそらく明治以前に一人という問題を主張した、ただ一人の人物だと思います。だれも耳を貸しませんでした。この安藤昌益が掘り起こされたのは一〇年前の話です。

一人という問題に、私どもはいささか鈍感でした。一人ということは身分、家族、資産を越えて、人間は平等であるだけでなく、個別性を持つとい考え方であり、ここから人権思想が育ってまいります。今回の社会福祉法によって初めて社会福祉法に人権が、取り入れられたわけです。

一人。それは人間が人格体だからです。人格体がなるが故に、他人の侵すことのできない尊厳を与えられています。

共同体と同時に家族の機能が崩壊をし、だんだん核家族化されてばらばらになりました。その分、社会機能へと移してきた。私どもが作ってきた現実でして、畳の上で死にたいのならば、その現実の上に立ってなお夢を実現させなければならないと。ここから在宅福祉サービスに移ってきたのです。こういういきさつがあろうかと思います。

ぽっくり死にたいという私どもに対して、ヨーロッパ人は、ぽっくり死にたくないのです。その理由は、死ぬ前に自分の人生をゆっくり振り返りたい、家族に感謝したい、親しい友達と別れを告げたい、なにより天国に行く準備をしたい、これがヨーロッパ人の願いです。これに答えるためにホスピスが生まれたのです。

ホスピスは死ぬ場所ではありません。死を助けるところでもありません。ホスピスは最後まで人間らしく生きることを助ける場です。すなわち、ホスピスは人間の成長の頂点が死だという認識に立っているからです。人生の完成の場としてホスピスがあり、そして、ターミナルケアが出てきているのです。

ところが私どもの場合には、死は人間の成長過程が一定の段階に達して、定年等迎えますと、その頃から下り坂を降りてまいります。この下り坂を老いと考える。そこをとぼとぼ麓目指して下っていく人を、老人と呼び習わしてまいりました。その麓の一番低い、暗いところに死をおいたのです。奈落の底をのぞきますので、恐怖です。

この死を一番の低点から人生の頂点に置き換えることができるかどうか、それを今私どもは問われているのです。社会福祉の理念は、いつの間にか、この人生の上り坂と下り坂という想定をしてまいりましたが、上り坂一本に変えることです。この上り坂を自分の足で、自分の責任で、誰であれ最後まで昇り続ける、これを自立と呼ぶようになりました。

昔の社会事業は、この人生の山を昇っていく人が挫折をしますと、そこで休めといったのです。施設入所、養老院、もう昇る必要がありませんと、とどめたのです。これが保護という理念です。

これに対して、新しい福祉は、誰であれ挫折をすれば、挫折から回復を図り、人生最後まで山道を昇り続けることです。これにそっと端から手を添える、これが福祉です。

そこで自立への支援という言葉が使われるようになったのです。こうして人生を最後まで完成に導く、その支援としての福祉が位置づけられるようになって、それを一人という人間の人格体において実現するという考え方へと福祉が移ってまいりました。こういう中で、いったい私どもはこれからどうするかということであります。

私ども福祉は、生活において人間をとらえました。家族、地域という関連性を重視したのが福祉です。命も生活もライフなのです。ライフとは、何よりも人生そのものを指す言葉です。この人生の全体性、継続性をいかに可能にするかが、新しい福祉の観点から取り上げられているところです。全体性とは、人生に生、病、老、死があり、その全体に対して福祉がはたして関われるのかという問で、今私どもはそれを突きつけられているということではなかろうかと思います。

第二の問題は、マイノリティを私どもは考えてこなかったとは申しませんが、十分な配慮をすることなしにまいりました。

アメリカのワシントンの日本大使館で働いている若い外交官が、ある晩、三歳のお嬢さんが引きつけを起こしました。動転しました。すぐに電話を取り、アメリカの九一一番。外交官ですけれども、まあ慌てふためいていたのでしょうか、英語が出てこないのです。状況説明できない、引きつけと言えない、私も引きつけというのは英語で何というか存じません。奥さんが代わった。奥さんはヘルプ、ヘルプ、ヘルプと言うだけで何も言えない。そうしたら、あなたは何語をしゃべるのか、ジャパニーズと言ったら、日本語を話す人にすぐに代わった。そうして状態を説明したら、すぐに救急隊を送りますと。三分半で一〇人の救急隊が来た、日本は三人なのですが、一〇人の救急隊で、その中にちゃんと医者がいて、医者が診察をして、すぐに入院させようと。ご主人に向かって、「後始末をして、荷物を持って病院へいらっしゃい」と言って病院に。ご主人が後かたづけをしていると、そこにドアをノックする音がして、開けると隣のご主人が「何か手伝うことがあったら何でも言ってくれ」と言って、わざわざ自分の家の電話番号を大きな紙に書いて持ってきた。病院では幸いに検査の結果も良くて、たいしたことはなかった。

翌朝早くからどこから聞きつけたか、その三歳のお嬢さんが通う幼稚園の園長が見舞いに来た。お嬢さんは病室の幼児用のビデオを一日楽しんだ。電話は使い放題、至れり尽くせりのサービスを受けて、病院に二晩泊まって、退院をして帰ってきました。

帰って、病院から送ってきた請求書を見てびっくりしました。四〇万円。子どもが二晩入院をするだけで四〇万円。保険に入っておりますので、その保険から支払われるのですが、四〇万円を一時立て替え払いをしなければならないのに大変驚かされました。

さて、この外交官の事例、大変私は興味を感じます。救急車のサイレンを聞いて、すぐに隣の人が、何か協力をしたいと言ってきました。

私は今までに四回引越をしました。昔は引越そばと申しましたけれども、私はタオルを近所に配ってあいさつに回るわけです。先日新しく転居してきた人がせっけんを持ってあいさつにお見えになりました。よその社会から入ってきた私は、よそ者であり、その地域の新入りですから、頭を下げて回らなければなりません。

ところが、アメリカでは新しい住民が越してまいりますと、その住民があいさつに回るのではなく、近所の人がそこに行くのです。そして歓迎の意を表すると同時に、ごみ出しはどうするか、新聞はどっから取れるかという、生活のノウハウを伝えるのです。おそらくその背後には、この町を一緒にこれから担っていきましょうという思いが込められているのかと思います。

周りの人がそこに行くか、引っ越してきた人が回るか、大した違いではないのですけれども、ここにやはり文化の大きな差異が私はあると思います。

私どもはうちとよそ、という区別を大事にします。隣という日本語は、この境目を指す言葉なのです。地理的概念です。ここにネイバーという英語が入ってまいりました。ネイバーは隣ですけれども、地理的概念ではなく、隣にいる人をネイバーと呼んでいます。そこでやむを得ず隣の下に、人という字をつけて、〝となりびと〟とか隣人という、いささか座りの悪い言葉を私どもが使わざるを得ないのです。私どもの隣という言葉に、人格的概念は全く入っていないのです。

地理的概念としてとらえるか、人格的概念としてとらえるかというのは、大きな違いでして、私どもはうちとよそという、この垣根を絶えず意識せざるを得ない。これを越えることには、努力を要するわけです。

ヨーロッパはこの境目ではなく、隣にいる人間を、共存すべき人間としてとらえますので、隣に何か事件が起これぱすぐに駆けつけて協力を申し出るということができるのではないかと思います。

フィンランドという北欧の国は、歴史の中で大変苦労した国ですけれども、かつてフィンランドを征服したスウェーデン人が現在六％、人口の中で占めています。その六％のフィンランド在住スウェーデン人のためにフィンランドは、スウェーデン語を公用語に採用しています。スウェーデン語で通用できるのです。

そのスウェーデンは、在住外国人に地方参政権を与えています。これは私の解釈ですが、国家の国民という概念よりも、同じコミュニティの住民という理念が優先をするからです。民族国籍は問わない、同じコミュニティに生活するその市民を同等に扱おうということからかと思われます。

私どもは今ちょうど国会で、在日外国人の参政権の問題を議論して、大変難しいところにきています。

その反対論拠の一番強いのは、参政権が欲しければ帰化すれば良い。帰化という問題が、今クローズアップされています。大きな違いでして、こうしたマイノリティに対する配慮を私どもは十分学んでこなかったのではないか。

第三はボランタリズムという問題です。岩倉使節団がロンドンのスラムに行って、そのスラムの住民の現状を見ました。そこだけに目を奪われたのです。そこで活動している人々や対応を見ることがありませんでした。すでにCOSと呼ばれる慈善組織化運動は活発な活動を展開していました。セツルメント活動がありました。救世軍も活動しております。こういうボランタリーな民間の働きを見ることができなかったのです。

この活動の中から何が出てきたか、一九四二年に英国は社会保障法案を作ることになります。戦争中、日本はあらゆる資源を動員して戦いました。総戦力と申しました。その時に英国は戦争のさなかに国民の命と生活を守る社会保障を立案したのです。これを立案したのが、ウィリアム・ベヴァリッジという人です。そしてこれを実施に移したのが、クレメント・アトリー内閣です。ウィリアム・ベヴァリッジは民間社会事業家です。アトリーはそのスラムでボランティアをした人です。それが、あの社会保障体系を作ったのです。ベヴァリッジはこの社会保障を提出しますときに、社会保障は社会の問題に対する社会的解決である、国をあげて取り組んでいく、これは国の責任である、ということを申しますけども、同時にその中でボランタリー・アクションを重視しなければならないと強調しました。

そのボランタリー・アクションの中で、ベヴァリッジはこう言うのです。英国でたくさんの人がボランティア活動をしている。しかし、ボランティア活動をしていない人も決して少なくない。ボランティア活動をしていない人、特に女性は、活動していないことに罪悪感を持っていると、ベヴァリッジは指摘しております。実にこれは重要な発言です。隣人に対して何かしないことが罪であるという、そういう考え方を大切にしようというのがベヴァリッジの主張でした。

こういうボランタリー・アクションを私どもは見逃してきたのでして、社会保障といえば、それは国家責任ということだけに目を奪われてきたのではないかという気持ちがあります。

援助、福祉は、どこかで犠牲を伴います。私どもには犠牲という言葉しかありませんが、これは英語では二つあり、台風の犠牲になる、これは不可避です。これをビクティム（victim）と申します。

もう一つ、ご承知のサクリファイス（sacrifice）という言葉があります。サクリファイスは、自分の前に、自分の利益になることと不利益になることがあり、これを選ぶ。だれしも自分の利益を取ります。このときに、自分にとって、不利益になる。しかし、その不利益が人の利益につながるときに、自分の意思で、自分にとっての不利益を選び取ることをサクリファイスといいます。

これは福祉において、欠かすことのできないものではないかと思います。法律・制度・国籍・人種の枠を乗り越えて対応しようとする溢れでるエネルギーがボランタリズムです。私どもはこのボランタリズムを考えることは非常に少なかったということを私自身反省しております。

（二）市民参加

もう一つは、市民参加の問題です。先程のアメリカの外交官の話に戻りますと、アメリカという社会は、個人主義です。なのに、国としての調和が保たれているのは、中間組織が発達しているからなのです。中間組織というのは、日本で言えば町内会、教会とか、寺とか、あるいはボーイスカウトとか、ＹＭＣＡとか、こういう中間組織が発達しているのです。

　私どもの場合、ＮＰＯ法案ができました。ＮＰＯ法案によって、認証を受けたＮＰＯは、現在二八〇〇です。アメリカは、課税免除されておりますＮＰＯが、一二〇万団体です。ＮＰＯが支えている、いわば民間団体によって、アメリカ社会の秩序が守られているのです。私どもは、そこが非常に弱い。しかし、これからの社会は、市民参加と民間の団体がどう発展するかによって、社会は左右されるに違いないと思っています。

　こういう論点、あるいは反省に立ち、社会福祉基礎構造改革が、誕生いたしました。これはシステム転換です。システムをどう変えるか。戦後作ってまいりました社会システム、社会構造は、例えば、五階建てのアパートは、エレベーターがなくても建築基準法は許可になります。安全であればいい。五階では、年寄り、障がい者、妊婦、乳児は生活ができません。そのままにしてまいりました。働ける、健康な若者中心に社会を作ってきました。これを変えて、年寄りが、障がい者が、妊婦が安全かつ快適に生活できる条件に変えなければなりません。

　難点は金がかかることなのです。この金を出す用意があるか、これが私どもの問題であり、同時に日本の政策課題です。

私どもは、経済成長期にパイが大きくなって分け前にあずかりました。その分け前が少し多いときに、福祉元年と昭和四八年に呼んだのです。成長期には負担は考えませんでした。しかし今は、給付と負担は分けられない問題で、負担をどうするか、出所は三つしかないのです。租税で賄うか、社会保険、もう一つは自己負担、この三つしか方法がない。それをどう組み合わせるかということになります。

財政が大変困難になってまいりまして、ニードが増大をして、自己負担せざるを得ない。介護保険はそこで社会保険方式を採用しています。それは連帯に基づいて考えたのでして、今度の社会福祉法も基礎的にはそれは連帯というアイディアに立っています。

連帯は、具体的には自己負担が要るということです。これが今大きな問題で、この給付と負担という関係を明らかにしなければ二一世紀はもたないというのは明らかですけれども、この問題が基礎構造改革で提起されています。

さてシステムをどう変えるか。それはまず先程申し上げましたように、保護という概念から自立支援という方向転換です。自立支援は、利用者を中心にして、選択と自己決定をそこに置くという考え方で、サービス利用者重視に変えること、これが第一点です。

第二は、以前は私どもが仕事をしますのに、子どもであれ、老人であれ、障がい者であれ、ニードを持っている人を外に探しに行った。そしてまたそれをまかなうために金を集めに行ったものです。それが委託事業に移り、措置が段々と充実をしてまいりますと、金に困らなくなります。年寄りも、子どもも、役所がちゃんと送ってくれます。ありがたいことに金が付いてくる。

福祉は与えられるものではない。われわれは受け身で仕事をするのではないというのが、今回、社会福祉事業法の改正の論点だと思います。そしてその基盤を地域に置こう。長いこと地域福祉という言葉が使われてまいりましたが、法律に登場したのは今回が初めてで、地域福祉において、今までのバラバラの施策をそこで調整をしていこう、新しい福祉計画を統合して立てようと、こういう考え方がそこに打ち出されたわけです。

さて、こうした中で、社会福祉法が誕生して、いったい二一世紀をどう展望するか、大変難しい課題を与えられました。いくつかのことを私は考えております。

二一世紀を目前にして必要なことは、人間の関係性を重視することではないか。ＩＴと呼ばれる時代になってまいりました。コンピューター中心です。コンピューター社会は、隣同士話をしないのです。ボードを叩けばいいんです。会話が失われてまいりました。スーパーに行って一言も言葉を交わさずに若者は買い物をします。言葉を失うのです。言葉がけがない。これに悩んでいるのが一人暮らしのお年寄りで、あいさつをしてくれない、言葉をかける人がいない。この言葉が失われてきたのは、私どもが、自分のなすべき、なしてきた労働を、機械に委ねるからです。ハイテクは、労働の手間を省いて、機械にやらせることです。そのことが生み出している問題の一つは、人間の触れ合いが減り、むしろ不信の関係になってきたということです。手間を省く時代です。二一世紀、ますます人間は手間を省きます。

ところが、社会福祉は、人と人の関りが命です。この人と人の関り、手間をかけることは、手間を抜く時代に矛盾です。この矛盾を納得できなければ、これからの福祉の仕事に私どもは立つことができなくなります。二一世紀、福祉が主張しなければならないことは、人間の相互性、つながり、支え合うことではないか。今回の新しい法律はそれを主張するのです。今まで全てを公に委ねた。公の下請けとして私どもは仕事をしてきた。これを変えていく、一人ひとりがまず自分の生活を守ろう。守り切れなければ助け合いをし、支え合いをしよう。そこで問題が解決できなければ連帯を組もう。その連帯を支え、保証するのが公的責任であるという理論です。市民的努力を基盤にしているのが、今回の特色ではないかと思っております。

その市民がお互いにつながり、触れ合い、支え合う、そういう人間の相互性と関係性というものを社会福祉は提起しなければならないだろうというのが第一点です。

第二点は統合化。私どもの福祉は、まず世代分けであります。子ども、母子、老人を世代で分けて、対象によって分けております。障がい者福祉、児童福祉、そして領域で分けています。医療、保健、福祉、これをどう統合化する、インテグレーション（integration）が課題だと思います。

第三は、ソーシャルインクルージョン（social inclusion）といいます。社会的包括性と訳せるのかどうか。今までは、社会福祉にとってのはかりは貧困でした。これは終始一貫してまいりました。しかし今、貧困というはかりで福祉の現象をとらえることができないのです。

何が必要になってきたかというと、まず第一に、心身の障がいに伴う問題です。ストレスの症状。アルコール依存症、これが一つのカテゴリーです。

第二は社会的排除。ホームレス、路上死、孤児、在日の外国人、全てそうです。

もう一つは、孤立孤独というカテゴリーです。孤独、社会的孤立、孤独死、自殺、暴力、虐待、こういう新しい理念に広げてまいりませんと、これからはとらえきれない。しかもそれを拒否しないで受け入れて包み込むという、ソーシャルインクルージョンの理念が、二一世紀の課題ではないかと考えます。

もう一点は、アカルチュレーション（acculturation）という英語です。これを社会学では文化変容と訳しておりますが、私は適訳ではないと思っています。アカルチュレーションは、異なった文化が接触をする。接触によって、お互いの文化を変え、成長していく、そして新しい文化を作っていく。こういう概念です。いまや自分の文化に、よそを吸収するという時代ではありません。多様な文化が増えることによって、お互いにそこから何かを学び、自分を変え、成長の契機にしていく。そこから新しい文化を創出する。その一番最後は、福祉の文化の創造という見出しでして、まさに二一世紀は、福祉を基盤にした、新しい文化の創造を私どもがしていかなければならないと思っております。

救世軍の山室軍平が、こう申しました。「船は、水の上にいなければならない。船に水が入ってはならない」。大変示唆に富んだ言葉で、それは理論と実践、あるいは、官と民、私ども一人ひとりのソーシャルワーカーの人間においても同じで、船は水の上にいなければならない。しかし船に水が入ってはならないという、均等と緊張の関係を、私どもは常に保たなければならないのではないかと、自分に言い聞かせております。

第四節　若い「福祉」を目指す人に

昔、江戸時代の日本は幕藩体制で、二八〇もの藩がありました。日本に約三〇〇〇万人が住んでいる、そうすると一つの村が平均して四〇〇人、この四〇〇人の人、貧しい中でお互いに助けあわなければ生きることができなかった。ごく普通の生活の中で、みんな互酬をした。それを私どもも生活の中で続けてきた。でも、互酬は顔の見える範囲です。高校の時の同級生、いっしょに歌を唄っている仲間、親戚、会社の同僚、お互いに交際している範囲で互酬、相互扶助をする。これは福祉ではない。福祉は、見ず知らずの人に働きかけることです。でも互酬に展望が開かれてきました。阪神・淡路大震災、二六年前です。一番大きな被害を受けたのは神戸市長田区です。

長田区で救助された四人に三人は、市役所でなく消防でなく警察でなく、自衛隊でもなく近隣の人です。倒れた家屋からあいさつをしたことがない近隣の人が助け起こした。これがサービスです。サービスは助け起こすという一方ではありません。私が倒れたら助けてもらうのです。助けて助けられるという相互性においてサービスが成立する。それを経験した長田区の人びとがどこへ行っても嫌な顔される日系韓国人の老人ホームを温かく迎え、今なお支援を続けています。

東日本大震災、五〇万余の人が即席の二五〇〇カ所の避難所に避難をしました。寒いのに、食べる物無し、水も無い、毛布も無い。一晩身を寄せ合って過ごしました。翌日の午後、やっとむすびと味噌汁が届いた。そしたら、避難所の人びとがあの奥の山のすその避難所はもっと困っているはずだから、先に持って行ってやれといって、受け取らない。それを運んだ自衛隊は温かい味噌汁には一切手を付けず、冷たい携行食で最後まで通しました。ともだち作戦でアメリカの兵隊たちが救助に来た。すべてを失って避難をした人びとが、兵隊にキャンディをあげた。外電に大きく報じられました。外国の特派員が取材に来た。ひとりの女性が、なけなしの非常食をその特派員に差し出した。特派員は、人間が尊厳をもって助け合う姿を初めて見たと報じました。この避難をしている人びとに対して、中越地震で援助を受けた新潟県が直ちに一九市町村に一万四千名の人を避難受け入れますと決議しました。口蹄疫で世話になった宮崎県、二四時間、トラックがぶっ通しで物資を運んだのです。函館が二八八艘の漁船を岩手県に寄付しました。昭和九年の函館の大火で支援を受けたお返しとして…。互酬が社会化されているのです。

もうひとつは、沖縄の言葉に「五本の指は丈が違う」。五本の指はそれぞれ長さが違うのです。クスリ指とかは果たす役割も違うのです。人間がそうでしょう、それぞれ個性があり性格も違う、才能も違う、戦後バスに乗り遅れるなと高度成長期時代にキャッチフレーズがありました。一台しか走っていない。飛び乗れと、みんな走って人をかきわけ押しのけてバスに乗ったのです。この時、走れない人がいる、飛び乗れない人がいることは全く念頭にありませんでした。競争社会ができたのです。この競争社会で勝ち組と負け組と分かれました。教育では全国一斉にアチーブメントテストを実施し、偏差値の平均に達していない子を落ちこぼれといった。それから、いじめ、暴力、不登校、虐待、傷害といった問題が起こってきたのです。一人ひとりが勝手に自分の生活をした。けれど、手のひらはひとつです。この手のひらにおいて、お互いに助け合いをしなければ生きて行くことができないことを、お互いに知らされて参りました。キリスト教の思想では、社会を身体ととらえます。身体の中には、盲腸のように、無くても良いんではないかと思える部分と、手足のようによく働くところ。…強いところ、弱いところがお互いに補い合い、支え合って、ひとつの身体・社会をつくっている。禅のことばに「生也全機現　死也全機現」という言葉があります。人間が生きるために身体中の機能が動員されて、人間は生きる。そのひとつひとつの器官が、お互いに補い合いながら人間を死に導く。あらゆる部分が働いて支え合っている。

ここから、連帯という思想が生まれました。連帯とはただ仲良くしようというのではないのです。ひとつの身体の中で、お互いに支え合っていることを連帯と呼ぶのです。

佐賀の高伝寺に参りました。鍋島家の菩提寺です。住職に案内されてお墓に行きました。歴代住職の墓が並んでおりました。私はここに入りますと指された所が四一代目の所でありました。住職は、住職として葬られるのです。家族は寺族といって別です。孤高ですね。でもそこに、霊の共同体ができていると私は思いまして、大変感じるところがございました。庫裏に案内されましたら、そこに大きな額がかかっておりました。居塵出塵《きょじんしゅつじん》と書いてあります。塵《じん》はちり、塵芥《ちりあくた》のちり、ちりの中に居てちりを出る。そう書いてある。私はこの言葉に大変興味を感じました。というのは、奉仕、人に仕えるという言葉は、ディアコニアという言葉から出て参りました。ディアコニアは塵の中を通り抜けるという意味です。仏教でもキリスト教でも、塵は世間、社会を指すのです。そこに居てそこから出る。仏教でいえば、出家です。塵の中にまず居て、共に生きなければなりません。

ここにアイデンティティが求められるのです。昨年死んだ三国連太郎。三〇歳の時に老け役が廻ってきた。三国は歯を全部抜いている。推理作家、横溝正史《よこみぞせいし》。夜ひとりで小説を書く。書いているうちに背中がゾクゾクしてくる。居てもたってもいられなくて、家族のいる茶の間におりてくると、自分で書いている。小説の主人公と書き手の自分が一体を成している。これがアイデンティティです。

沖縄で、戦時中一番南の人間が住んでいる島が、波照間《はてるま》という島、波照間に一五〇〇人の住民がいました。現在五〇〇名ぐらいです。そこに日本軍がきて疎開を命じました。うわさによると、牛、豚一二〇〇頭を食糧として軍が欲しかった。そこで疎開を命じた。疎開しました。西入島の南風見《はいみ》という何もない海岸に疎開させた。食べる物が何もない。そして、そこでマラリアが蔓延した。四八八名の人が命を落とした。その中に六六名の学童がおりました。この学童を引率した校長、識名信升《しきなしんしょう》、子どもが次から次へと死んでいく。識名は波照間に向かって石を置いて「忘而石　波照間　識名信升」と十文字に記した。今なお毎年記念祭をしています。責任をもって連れてきたその子どもたちが、次から次へと死んでいく、自分は生き延びた。これを、ちむぐりさ　痛切なる魂の叫び…、ちむぐりさは肝が苦しむ。沖縄では戦争で四人にひとりの県民が死んでいるのです。生き延びた人びとがちむぐりさ、生き残ったことに対して肝が痛むのです。

東日本大震災で一六歳の高校一年生の男の子が、津波が来て避難所に逃げた、津波が引いて戻った、自分の家の前まで全部流された、自分の家は無傷、私ならラッキーと言いますよ。この一六歳の高校生、避難所に帰って家を流された人に「申し訳ありません」と頭を下げた。できますか、みなさん。一六歳で自分の家が残ってまわりの人の家が無くなってしまったことに対する負い目を感じたのです。自分だけが安全地帯にいることに対するうしろめたさを持ったのです。強い言葉でいえば罪意識です。

石井十次は子どもの時おばあさんが作ってくれた新しい博多帯を締めて祭りにいきました。帰ってきた時、帯がない。縄帯を締めていました。祭りで出会った貧しい子が縄の帯をしているので交換したのです。恵まれた家に育った子が恵まれない子に対して負い目を感じていたのです。これが石井十次の出発点です。石井十次は恵まれない子に対する、いわば和解の使者と言っていいのかと思います。この、石井は色んな子どもの仕事をしました。実に幅が広い。石井がそこにのめり込んでいきながら、全体を見失わなかった。『坂の上の雲』に出てくる秋山将之は、連合艦隊の参謀です。日本海海戦になって東郷平八郎以下みんな双眼鏡で敵艦を見る、秋山ひとり双眼鏡をもたない。「わしは大局をみる」と申しました。勝海舟が着眼大局、着手小局と言いました。私どもができる仕事は大きなことではないです。石井が大きな仕事をしたといっても社会全体からみたら小さい仕事です。でも、眼は広く開いていた。全体を見る目を石井は失っていない、それを私は「石井の感性だ」と思います。

石井十次は孤児の無制限収容といいました。破天荒ですよ。こんなことは今、私には想像もできない。バーナードの言葉、私の記憶では　no child ever refused　だと思います。必要な子は決して拒まれることはない、拒否しないのです。無制限収容。東北から八二五名の子どもを連れて帰ってきた。岡山孤児院一二〇〇名の孤児院になる。壮大な孤児院です。石井のこころの広さです。石井はインスピレーションを感じて動く、激情、情緒に動かされる、そういうイメージを持ってます。朝と晩で言うことが違う。

石井は東北で二万人の子どもが捨てられたことを聞いてどうしたか、理事会を開いてまず借金をすることの承諾を求めました。新しい保母を雇いました。東北に行く途中東京に寄って青山学院でビショップ・ハリスというトップの人を訪ねた。そして宣教師との連携を頼む。ハリスは直接仙台に出かけました。ミス・ヘルプスに仙台で会います。ミス・ヘルプスが仙台のキリスト教育児院をはじめた人であります。そして同じ青山学院に本多庸一という院長を訪ねる。本多は仙台で牧師をしていましたので、牧師への紹介状を書いてもらう、留岡幸助を内務省に尋ね、市町村への連絡を依頼している。原胤昭《たねあき》を訪ねて東京での受け入れを頼んでいる。鉄道会社に行って、無賃乗車の許可をもらう、そして幾つかの組に分けて八二五名連れて帰った。この子どもたちは原胤昭の東京の屋敷に泊まり、東京見物までさせている。汽車が停まるたんびにキリスト教、仏教を含め差し入れがある。

たくさんの人が応援している。

　石井は情緒的であるように見えますけれども、実に合理的、計画的でした。岡山の孤児院をはじめた時に、土地を買い始めて買い足しているのです。実に計画的だ。ストラテイジィ（strategy・戦略）がある。一二〇〇人の子どもをどうやって食べさせますか、政府からの補助金があるわけではない。委託費があるわけではない。どうやったらいいか、大問題です。石井は幻燈隊も含めて、中国からアメリカまで派遣している。お金を得るためでもありましょう。でも、サポーターを増やしていくのです。私の妻の祖父は、矢野穀（やごろ）といい、岡山孤児院で石井十次の下で修業しました。そして、神戸で神戸孤児院をはじめるのです。今年で一三一年になります。この神戸の孤児院にさっき言った東北の凶作の子ども八十二名を引き取るのです。八二名の子どもが駅に着いた時に、孤児院の職員、子どもたちが並び、それに教会の人三〇名が加わり、救世軍が軍楽隊を奏して、子どもたちを歓迎してます。この子どもたちのために、毎月米を届けた人が一四九名、お金で寄付を毎月した人が二六七名と記録されてます。慈善のこころを持った人々がいたのです。でも、マイノリティです。この慈善→心に富んだ人々がマジョリティになるという社会はありませんでした。石井はこれをマジョリティにしたかったのです。海外まで含めて、賛助会員一万名。私には一万の賛助会員など、考えられないですね。でも、一万の人々が石井の仕事を助けた。一二〇〇人の大集団。満腹主義、お腹のすいている子どもたちに、満腹になるまで石井は食べさせた。自由がありました。同時に石井は子ども一人ひとりを尊重したのです。それが、ライオン館と名付けられた小舎での生活と、密室教育です。一対一で相対して、石井は子どもの話を聞き、時に子どもを諭しました。こうして、石井は人を育てました。石井の弟子、山室軍平は、こう言いました。「舟は水の上にいなければならない。しかし舟に水が入ってはならない」。この緊張関係の上に子どもの仕事は成り立ちます。大原孫三郎は財閥です。児島虎二郎、岡山の更井良夫等を育てた。衆議院議長・星島二郎から石井十次の話を聞いたことがあります。「石井先生は声がまろやかでチャーミングだ。石井先生は西郷南洲を尊敬した」と、語ったのをいまでも覚えております。大阪には、愛染園、大きな病院があり、たくさんの地域福祉施設があります。昔のセツルメントです。

大原社会問題研究所、大内兵衛、森戸辰男が、これを法政大学に移して、今、法政大学でも石井の精神が継承されています。石井は多くの人びとに自分の精神を伝えました。そして、宮崎、高鍋のみなさんですよ。石井が死んで一〇〇年なのに、こんなにたくさんの若い人びとが、石井の話を聞き、何とか石井の精神を引き継げないか、自分に重ねあわせてここにいらっしゃるのです。感銘を受けます。この高鍋に来て感じますことは、自然が豊か。田中正造が「文明は山を壊さず、村を壊さず、村を破らず、人を殺さざるなり」、私どもは反対の道を歩んできました。文明の前に緑有り、文明の後に砂漠あり。私が住む神奈川県に鎮守の森が二八五〇あった。今、四〇ないのです。無駄な空間ですから、そこに工場を建て、住宅にし、駐車場…ができました。それで生産は上がった。今日の利便性、効率の豊かな社会ができたのです。でも、何かを失ったのではないか。文明 civilization（シビリゼーション）という言葉の原語はキビタス。キビタスは物質文明をいうのではなく、人と人を結びつけて新しい文明を包みこむ文化を創る、文化の創成という夢を描いている人がいます。みなさんがそれを支えてくださいます。

石井十次、四八歳で死にました。児嶋虎次郎、四七歳で死んだ。四八歳にして果たすべき役割を果たし尽くし、死ぬ前に孫の児嶋草次郎が生まれたという知らせを聞いて、こころ満たされて死んだのです。四八歳。今、私どもは石井十次よりも三五年、長生きする。この人生をどう生かすのか、石井の精神をどこかで引き継ぐことができるのか、それが問われているのです。浄土宗の寺で、手次《てつぎ》という習慣があります。住職が代々手形を残していくのです。今、みなさんは、自分の手形を人生の中でついていらっしゃるのです。みなさんが、今ついている手形は何ですか。この手形を自分の子ども、孫に何を残そうとするのか。私どもにできることは、僅かなこと、小さいこと。でも、そのひとつひとつを積み重ねれば、石井の描いたビジョンを、私どもの人生に活かすことが出来れば、これに勝る幸いは、ないのではないでしょうか。

第五節　福祉の思想

半分こする

子どもたちに、こういう話をしました。

「友達が家に遊びに来てくれた。三時になって、お母さんがおやつの心配をする。戸棚を開けて探しても、お菓子がない。缶の底に、やっとおせんべいを一枚見つけて、それをくれた。友達と二人でいるのに、おせんべいがたった一枚しかないよ。どうする？簡単だよ。おせんべいを手で割って、友達と自分で分ければいいだろう？一枚のおせんべいを手で割って二つにする。これを半分こって言うんだよ。半分こすればいいんだよ。でもね、おせんべいを手で割ると、どうしても大きいほうと小さいほうになってしまう。先生はね、いつも大きいほうを先に取って小さいのを妹にやりました。君たちはそれをしてはだめ。君たちは小さいほうを先に自分で取って、大きいほうを友達にあげなさい。そうすると友達は喜ぶよ。友達が喜んでくれたら君たちも嬉しいだろう？半分こしようね」

アジア仏教では、夜が明けると寺から僧侶が列をなして村へ町へと托鉢に出掛けます。通りに出て待ち受ける村人達は托鉢僧に布施をします。金ではありません。食物です。これを持ち帰り僧侶の食事になりますが、同時に群がっている貧しい人々と分かち合うのです。これが慣わしでございます。見ますと、布施をする村人が僧侶の前にひざまずき、ささげるがごとくに布施をいたします。それを受ける僧侶は立ったまま、一言もお礼を言わず、お辞儀をせず、経も読みません。黙って受けるだけでございます。これは私どもの常識に反します。上から下に物を投げ与え、もらった人がひざまずき、与える人は立ったまま。これが一つのスタイルでございます。

キリスト教では、「洗足の教え」というのがあります。イエス様が弟子の足を洗ったという、そういう教えでございます。「イエス様が食卓から立ち上がって、上着（衣）を脱いで、腰に手ぬぐいを束ね、ひざまずいて弟子の足を洗い、その足を手ぬぐいでぬぐった」と聖書に書いてあるのです。「上着を脱いで」、これは、ちょっとややこしい英語ですけれども、「パリアティブ（palliative）」と申します。パリアティブというのは、皆さんご承知の「ホスピス」です。ホスピスというのは、「死を待つ所」ではございません。「最期まで人間らしく生き抜くことを援助する施設」を申します。ホスピスというのは通称でございまして、今、日本では一六〇ヵ所ぐらいになりましたけれども、正確にはパリアティブと言うのです。アメリカの病院へ行きますと、「ＰＣＵ（Palliative Care Unit）」と病院に書いてございます。これでアメリカの人はホスピスだと分かります。がんの痛みを緩和するということです。痛みを和らげ、そして安らかな状態で死に向き合うのです。このパリアティブと言う言葉を、政府は「緩和ケア病棟」と訳しまして、それを正式の名称にしております。

パリアティブというのは、上着を脱ぐのです。イエス様が上着を脱いで弟子の足を洗ったように、上着を脱いで、傷み苦しんでいる患者さんの上にかぶせるのです。そうしますと、その患者は寒さを免れることができます。でも、上着を脱いだ人は寒くなるのです。寒くなるのを承知で、あえて上着を脱ぐのです。それが、上着をかぶせられた人と上着を脱いだ人がともに、心を温められるからであります。それが、「ともに生きる」ということでございます。それは、ともに半分こして、お互いが心を温め合うのです。こういう「上着を脱ぐ」、「温め合う」、これがサービスでございます。それには、何が求められるか。

私は、二八歳の若い女性の親友を失いました。八年間、その女性と私は毎週二時間、行動をともにしておりました。実は優れた女性でありまして、音楽を聴きますと、ベートーベンの「ソナチネ何番」から北島三郎まで、実にレパートリーが広くて、即座に言い当てるのです。会った人の名前は忘れないのです。全部覚えているのです。コンピューターが頭の中にあるような人でした。けれども、一緒に本を読むときに、百ページだったら、百ページをすぐに開けられないのです。一ページから全部めくりまして、「一〇〇《いちまるまる》」が出てくるまで続けなければなりません。九九の次が百で百の次が百一という数の概念がないのです。コミュニケーションは一方的です。お分かりのように、これが自閉の特徴でございます。自閉で養護学校を卒業できたのが二一歳のときでありました。私はその女性の存在の重さを初めて知ったのです。八年間、私は実は何回も約束を破って叱られているのです。でも女性のほうは一回も私との約束を破ったことがありません。また、この女性は人の悪口を言ったことがありません。さらにこの人は嘘をついたことがないのです。嘘をつかない、悪口を言わない、約束を破らない、人間としてできることでございましょうか。社会的な能力はなかった。しかし、人間的な麗しさ、強さを持っておりました。私はその人の前に立つと、どんなに自分が弱い人間であるかを自覚させられました。弱さを尊び、弱さから学ぶという姿勢があれば、それが愛に育ってまいります。

福祉の文化を作る

福祉というのは、人のために何かをすることですけれども、同時に、自分の中にある弱さ、醜さ、罪をいかに生かして超えていこうとするかという努力のプロセスでもあります。人間は罪人です。でもトルストイが「私は全人類を愛する」と申しました。実に立派な理想主義者です。でもトルストイは加えて、「しかし、隣の親父は憎たらしい」とも言ったのです。これが私どもではないでしょうか。自分の弱さを認めて、自分の弱さから学ぶことができるゆえに、人と自分との間に連帯が作られるのです。連帯というのは、「愛の業」であります。人と人とが、自分中心でありながら、なお、結ばれることができる。実に幸せなことでございます。

こうした自分の弱さや強さをどう生かすか。聖書には、「あなたたち強い者は、強くない者の弱さを担うべきであって、自分自身を喜ばせてはならない」と書いてあるのです。「自分だけで生きる強さ、それは強さではない。弱さを担えることが真実の人間の強さだ」と聖書は申します。この人間の持つ弱さ、強さがお互いに支え合う。「私の持っている強さを人と分かち合い、私の持っている弱さが他者の強さによって支えられる」、これが、福祉ということの意味でございます。この福祉を、私どもはこれから作っていかなければなりません。

アフリカのカメルーンにあるオラムゼ村で、事件が起こりました。村人が山に行って、迷子になっていた一匹のかわいらしいゴリラの赤ちゃんを見つけたのです。あんまりかわいらしいものですから家で飼おうと思って、ゴリラの赤ちゃんを抱いて家に帰りました。その晩、ゴリラの群れが村を襲ってまいりまして、暴れ回りました。村長が「赤ちゃんを返せ」と命令しました。ゴリラの赤ちゃんを返すと、ゴリラの群れは赤ちゃんを抱いて雄叫びをあげながら、森へ引き揚げました。六〇匹のゴリラが、一匹のゴリラの赤ちゃんを守り貫いたのです。私たちは一人の子を、一人のお年寄りを、一人の障がい者を、一人の外国人を、みんなで守っているでしょうか。福祉というのは人と人のつながりでございますけれども、それをみんなで支えなければ福祉というものは大きく膨らむことができません。

昔、ダミアンという神父がハワイのモロカイ島でハンセン病の患者と起居をともにいたしました。神父ですから、ハンセン病の人たちに福音を説いた。「あなた方は神の救いに預かってください」と、説教をするわけです。ある日、焚き火に当たったら、手が熱くないのです。手の感覚、神経を失っておりました。ダミアンは、自分がハンセン病に感染したことを初めて知ったのです。このときからダミアンは、「あなた方は」と言っていた呼びかけが、「私たちは」という呼びかけに変わりました。これがダミアンのアイデンティティであります。ダミアンは感染をして、まことに醜い体になってまいりました。それを舟越保武という人がすばらしい像にいたしまして、盛岡の美術館に置いてございます。ダミアンはモロカイ島で命を閉じました。ダミアンの母国、ベルギーはその知らせを受けて、軍艦を送って、ハワイからダミアンの遺骨を引き取りました。その軍艦がベルギーの母港に帰ってまいりますとき、港で一人の人が迎えました。国王でございました。国王が一人、波止場に立って出迎えたのです。ベルギーの国民が、王様をして波止場に立たせたのです。私はこれが、「福祉の文化」だと思います。異郷の地で人知れずハンセン病のために命を落とした人を、国民が英雄として迎えたのでございます。弱さのために命をささげた人を、国民が「自分たちの宝だ」と言って迎えたのでございます。こういう文化をぜひ、この私どもの地に作りたいというのが、私の祈りでございます。

　どうか、新潟の皆さんが新潟の地をより豊かに、より実りあるものにしていくために、お一人ひとりの力をぜひ貸していただきたい。それには、「半分こできますか」という問いを、ぜひ皆さん方の内で問い続けながら、これからの生活を送っていただければありがたいと思います。

（二〇〇七年十月六日　新発田市生涯学習センターにて）

第一章　若い「福祉」を目指す人に

第二章

専門職である前に一人の人間であれ

～阿部志郎先生との出会いを通して～

ルーテル学院大学学術顧問・教授　市川一宏

第一節　ボランタリズムとの出会い

「ボランタリズムとは、制度の枠を越えてほとばしりでるエネルギーを言う」（阿部志郎『福祉の哲学　改訂版』誠信書房、二〇〇八年）

私が社会福祉の実践や教育に一生関わりたいと覚悟を決めた契機は、今から五〇年前の阿部志郎先生との出会いから始まります。初めて先生にお会いしたのは、私が大学生の時でした。たまたま友人の代わりにボランティアとして東京都大島にある知的障がい児施設の大島藤倉学園（現在は障がい者支援施設・施設入所支援・生活介護事業を実施）を訪問しました。私が中学・高校時代を過ごした国立市にも伝統ある知的障がい児者施設があるにも関わらず、学校の行き帰りに障がい児者に出会うことはありませんでした。そのため、藤倉学園を訪問した際、日常とのギャップに戸惑ったことを思い出します。

私の家は高校時代に倒産しました。ヤミ金融の非情さを経験し、志したのが弁護士でした。反社会的な勢力に対抗する力を持ちたかった。大学は法学部に進んで一心に法律を学びました。私の気持を支えたのは、憎しみ、怒りでした。しかし、知的な障がいをもつ方々の生き方に接して、自分の生き方が問い直されました。憎しみだけを信念にして生きていくことはできないと。その時出会った言葉が、知的障がい児者の父と言われた糸賀一雄先生の『「この子らに世の光を」ではなく「この子らを世の光に」（糸賀一雄『福祉の思想』NHKブックス、一九六八年）』という言葉でした。私は、この子らが地域で当たり前の生活をしていることが社会の光となり、それを一緒に実現する活動がボランティア活動であると胸に刻みました。

こうして、学生時代に行っていたボランティア活動を通して自分の生き方が問われ、将来の道を探し求める過程で、当時横須賀基督教社会館の館長だった阿部先生にお会いしました。阿部先生から、自立と連帯によってコミュニティが形成されること、そしてボランティア・市民活動とは、自分を振り返りつつ、連帯・協働して、コミュニティを耕す自発的な活動であることを学びました。今、「どのように活動するか」だけでなく、「どうして活動するのか」というボランティア・市民活動の原点が問われていますが、私の原点は青年時代の出会いから生まれました。

阿部先生から、たびたびアーノルド・トインビー（一八五二年〜一八八三年、イギリスの経済学者でありセツルメント運動の創設者の一人）の思想について、お聞きしました。トインビーは、慈善事業に社会改良的視点と教育の必要性を強調し、知識人をスラムに植民することによって、地域自体を改善していくことをめざしたセツルメント運動に強い影響を与えた人物です。私も、何度かロンドンのイーストエンドにあるトインビーホールに行き、セツラーにより住民の組織化が図られ、公衆衛生、教育、福祉活動と、社会調査に基づく世論の喚起を行った歴史をお聞きしました。イギリスにおけるセツルメント運動は、日本の貧困問題を抱える地域における片山潜、賀川豊彦等の活動に継承されるとともに、興望館や全国の社会館を生み出しました。

阿部先生は、セツルメントを、第一に、より大きな世界を示めさんとする思想性を包含している価値の創造の叫びであること、第二に知識階級の労働者に対して現れた罪の償いであること、第三に貧しき隣人との接触を通じて「教える」とともに「学ぶ」という人格的交わり、「与える」ことによって「与えられ」、自分の存在がそれによって支えられ、実践が生み出されるという相互的関係の信頼に立つもの、とされています。また阿部先生は、**「社会事業に向かわした、社会事業家の『心の故郷』、すなわち困難に直面した時に戻る『心の原点』はトインビーである」**とも言われています。特に第二の視点は、キリスト教会に大きな影響を与えたジョン・ウェスレーの信仰を源流とされる阿部先生の贖罪論と関係があると私は思います。

なお、ボランタリズムは、教育現場においても、原点であることを実感しています。教えることを通して、私が自分に問いかけてきたことは、学生のそれぞれの育ちを見守りつつ、自分自身が成長してきたかということ。私の教育力はいか程のものかと考える度に与えられた答えは、「自分に謙虚であれ」。いつも鼻っ柱をへし折られてきました。一九九二年八月から一九九四年八月の二年間、家族とともに、イギリスに留学しました。ロンドン大学ロンドン・スクール・オブ・エコノミックスでの研究は、刺激的でしたが、学問の深さと自分の限界を知る貴重な機会を与えられたという意味で、私の人生に決定的な転機となりました。図書館に入って、いくつもの書棚に並ぶ関連文献を見て、私のイギリス社会福祉政策研究が、限られた著書や論文を参考にしていたに過ぎないことを知ったのです。自分の研究の限界と、学問の奥深さを知り、謙虚さを与えられました。

私が研究に行き詰まり、落ち込んでいた時、阿部先生は、北欧で行われた国際ソーシャルワーカー協会の大会の帰りにイギリスに立ち寄られ、私にボランティア活動で有名な方と会食する機会を提供して下さいました。またご一緒に大きな古本屋をまわり、家族に夕食をご馳走して下さいました。先生のご配慮に感謝しています。その後、私は学びの原点に立ち戻り、イギリスにおけるコミュニティ・ケア改革、転換期にあった民間社会福祉の現状と課題、日本に先立って取りあげられていた高齢者虐待対応等について、執筆することが出来ました。

第二節　コミュニティとは何か

「人間は、なぜコミュニティを必要とするのであろうか。孤独に耐えつつも、意志的に自立への道を歩もうとするからではないか。自立する人間にとって、孤独に耐えさせる環境、そして、社会的孤立から守られる場、それがコミュニティなのではないか。自立は、連帯の支えなくしては成就しない。自立と連帯は密接不可分で、この両者の組み合わせとしてコミュニティが形成される。」（阿部志郎『社会福祉の思想と実践』中央法規、二〇一一年）

私は、コミュニティを、第一にコミュニティに所属するもの同士の相互の関わり。第二に関わりに対するアイデンティティ、愛着。第三にそれらを実現しやすい地理的な空間、第四に互いを認め合うコンセンサスと一定の規範、第五にコミュニティを支える宗教や祭り等の文化の形成。第六に人材や活動等の一定の地域資源の存在、を条件とした、地域の可能性を念頭に置いた目標であり、地域機能の側面から整理した概念と考えています。したがって、地域にはそれぞれの特性があり、課題があります。

横須賀市田浦に建てられた横須賀基督教社会館は「地域と共に歩んできたコミュニティ・センターとしての歴史を大切に、キリスト教精神に基づく施設として、不安や孤独、排除や孤立のない、人と人とのつながりが大切にされ、希望をもって暮らすことのできる地域社会、自立と連帯のコミュニティ形成を目指す」という理念を掲げ実践してこられました。社会館の創設時の幾多に及ぶ困難とそれに取り組んできた歴史は、「社会館での五十年の始まり」阿部志郎『愛し愛されて・継承の小径』（クーインターナショナル、二〇一六年）に書かれています。

私は、阿部先生の実践から、地域福祉とは、接ぎ木の取り組みだと学んでいます。自分が作った狭い経験と知識の枠組みに地域を当てはめても、可能性は生まれない。自分よがりな政策や理念、計画に現実を当てはめても、誰のメリットにもなりません。それぞれの地域でのさまざまな資源を把握し、今まで蓄積されてきた実績という木に、当事者、住民、ボランティア団体、社会福祉法人、社会福祉協議会、行政と協働して実践を接ぎ木していくプロセス、行動が大切ではないでしょうか。はじめて行政計画の作成を担当してから四〇年過ぎ、多分六〇〇近くの計画を公にしてきたと思いますが、語り合い、学び合いながら、「したいこと」「できること」「求められていること」を具体化した計画と実践を大切にしたいと思ってきました。

第三節　和解と平和の大切さ

「〈和解〉とは本来、加害者が被害者に対してその罪の許しを請い、そして被害者が加害者を赦すこと。被害者と加害者とが共に受け入れ、新しい関係をつくり、平和に向けてともに歩み出す。それが〈和解〉の意味でなければならない」（阿部志郎『社会福祉の思想と実践』）

世界各地で起こる戦争、民族紛争は、たくさんの死傷者と難民、また貧困と飢餓を生み出し、それは一国を超えて世界規模の影響を与えています。このような状況下で、戦後七〇年を迎えた二〇一五年、日本においても、戦争の放棄を規定した日本国憲法第九条をめぐる議論が起こり、社会福祉系学会会長共同声明『戦後七〇年目の八月一五日によせて』が出ました。この動向に対し、日本キリスト教社会福祉学会は、『今日における平和の大切さを考える』「正副会長声明」を出し、学会として、日本が起こした戦争について戦争被害者に対して、心からの謝罪を行い、平和の大切さを世に問おうと会員皆で確認しました。以下、その内容の一部を紹介します。

戦後七〇年の節目となった二〇一五年は、多くの国民が改めて第二次世界大戦によって亡くなられた方々を覚え、世界の恒久平和を祈り、戦争を二度と起こさないことを誓いました。私は近隣諸国の多くの方々の尊いいのちを奪う戦争を起こした日本の戦争責任は、決して過去のことではなく、今に受け継がれていると考えています。戦争によって被害を受けた方々の悲惨な体験と厳しい生活環境から生じたさまざまな傷は、決して消し去ることができるものではありません。

私は、日本キリスト教社会福祉学会（以下学会）がこの現実に真摯に向き合い、今後どのような歩みをすべきかを考えることが今求められていると思います。そのため、以下の三点を今後の学会の取り組みの起点とします。

一．謝罪し、和解を求める

本学会が考えるべきことは、戦争の責任を自覚し、いのちを奪われた人々に謝罪し、和解を求めることではないでしょうか。日本の戦没者は三一〇万人とされていますが、アジア諸国での戦没者はそれをはるかに超え、日本は力でアジア諸国を占領し、多くの方々のいのちを奪いました。聖書には、「わたしたち強い者は、強くない者の弱さを担うべきであり、自分の満足を求めるべきではありません」（ローマの信徒への手紙第一五章第一節）と書かれています。今日にいたるまで、戦争被害を負っておられる方々に対して、本学会はどのような行動をしてきたか、自ら問い直さなければなりません。

二．二度と戦争を繰り返さない

平和の意味と平和を実現する術を学び、社会に発言していくことが必要です。ふりかえって、第二次世界大戦は、突然起こったものではありません。戦争に至る前に、私たちがどのようなことをすべきであったか、過去から学ぶことが大切です。また、紛争やテロの頻発する現在、憎しみの連鎖を断ち切るために、本学会は、どのようなことが可能か、絶えず模索し、さらに実践していくことが求められています。

三．多様性の理解と対話

平和の危機とは、戦争がもっとも大きな要因ですが、いのちや生存に対する脅威、差別、偏見、貧困、不平等、人間性の否定、基本的人権の蹂躙、環境破壊、核（原発を含めて）の脅威等も含みます。まず、本学会では、宗教、文化、伝統、人種、性、生活習慣等の相違を理解し、多様性を尊重し、対話と協力を深めていくことが大切です。そして、日本という一国を超えて、人間のいのちと存在、そして生活を支える「人間の安全保障」の視点から、地域、社会、国、世界を見直そうとする「ヒューマン・セキュリティ」の視点を忘れないこと。事実、軍事的手段による安全保障だけでは、平和は望み得ない事実に私たちは直面しています。開発においても人間中心の考え方を強調され、経済が推進するグローバル化した社会において、生活の豊かさについて、一国を超えて考えていくことが求められています。〈以下、省略〉

阿部先生は、戦争というのは憎しみと憎しみの対立であり、憎しみを断つためには和解が必要であること、そのために、「**罪を犯した者が罪を告白して許しを乞い、被害者、被告がそれを受け入れる。原告と被告が新しい理解と信頼に立つことなくして和解には至らない**」と一貫して主張されています。戦後、東南アジア、韓国等をたびたび訪問されましたが、私には、それが、先生の和解にいたる模索であり、贖罪としての行動であると思います。二〇〇〇年代になって阿部先生は特に平和についてたびたび語られておられますが、そこには、自らの青年時代において、悩まず、疑わず、恐れず戦争に関わってきた後悔があり、若い人には、考え、悩み、自分の道を決めていってほしいとの先生の強い願いがあります。

　私は、日本基督教団阿佐ヶ谷教会が主催したボランティア活動に参加したことをきっかけに、教会の礼拝に出席するようになり、教会と繋がり、今年は丁度五〇年目になります。当時の牧師が、大村勇先生でした。先生は礼拝の説教の中で時々、日本の戦争責任告白の経験を話されました。一九六五年に韓国長老教会は創立八〇周年を記念して諸外国教会代表を招くことになり、当時の日本基督教団総会議長であった大村先生が韓国に行くことになりました。日本と韓国の教会の交わりは絶たれたままで、日本の支配下で五〇人を超える聖職者の殉教者を出した韓国教会は、最後まで受けいれることに難色を示し、大村先生は韓国教会の大きな不信と抵抗を感じていました。そして総会での投票の結果、僅差で挨拶を受けることが認められ、大村先生は、冒頭に韓国語で「かつての支配者の言語で語ることを許してほしい」と語り、謝罪を述べられました。私は、礼拝でお聞きしたその時の緊張感と感動を今でも覚えています。

私が一九八三年に日本キリスト教社会福祉学会の事務を担っていたルーテル学院大学に就職し、その事務を引き継ぎました。今でも思い出しますが、一九八四年に関西学院大学千刈セミナーハウスで行なわれた全国大会のテーマは「生と死と―愛における技術とは生命にまむかう基督教社会福祉の課題」でした。その大会に韓国キリスト教社会福祉学会の金徳俊（キム・トクシュン）会長を始め、役員の方々が参加されることになりました。入国ビザを取得するために、私は日本におられる尹基（ユン・キ）先生とお会いしたのもその時でした。また大阪駅近くの山西福祉会館に泊まっていた先生方を、私は大学から乗ってきた公用車で千刈セミナーハウスまでお送りしました。学会は、韓国の方々への対応を、優先事項としてきました。

尹基（現在、社会福祉法人こころの家族現理事長）先生との関わりは今でも続いており、二〇一八年四月には、連名で、尹基先生が中心に行動を起こされている「ＵＮ世界孤児の日」制定運動に賛同する以下の文書を発表しました。

「UN世界孤児の日」制定運動の趣旨に賛同いたします。

世界のいたるところで、戦争や内紛、テロが起こり、たくさんの命が失われています。また、伝染病や環境の不衛生に起因する疾病、地震や大規模火災等の自然災害による被害で命を失ったたくさんの人々がおられます。経済危機による飢餓や極度の貧困の結果として起こる家族崩壊、地域崩壊の結果を合わせて、生活の危機に直面している人々は、莫大な数にのぼります。これは、特定の地域にとどまらず、国や、近隣諸国を包含し、世界規模で多くの市民も巻き込んで進んでいます。

これらの結果、もっとも弱い状況にある子どもが、大きな被害を受けています。父、母や近親者等の家族を失い、貧困に陥り、また住む家を失い、生活の危機、心の危機、生命の危機に直面するなど基本的人権を保障されていない子どもの数は一億五千万人を超えるとする報告もあります。「子どもは、どの子も、神はまだ人間に失望していないというメッセージを携えて生まれてくる」とタゴールが言ったように、一人ひとりの存在の輝きを守ること、すなわち、「児童の権利に関する条約」第二〇条第一項に書かれているように、「一時的若しくは恒久的にその家庭環境を奪われた児童又は児童自身の最善の利益にかんがみその家庭環境にとどまることが認められない児童は、国が与える特別の保護及び援助を受ける権利を有する」子どもの権利を保障する取り組みが急務であると私たちは考えます。

特に、一人で生きていくことがむずかしい子どもが置かれている状況を見ますと、前述の戦争等を要因とし、父母と死別、離別、もしくは虐待を受けて離れて生活する子どもの数は、増加している現状にあります。私たちは、決意をもって、そのようないわゆる「孤児」に対する支援を行うことが求められています。

歴史を振り返えりますと、「孤児の母」と言われた田内千鶴子《たうちちづこ》氏の取り組みから学ぶことができます。韓国で最も長い歴史を持つ孤児院である共生園は、一九二八年、敬虔なクリスチャンであったユン・チホ伝道師が、木浦の小川橋の下で寒さに震えている七人の孤児の子どもたちを発見し、家に連れてきて一緒に生活をしたことから始まりました。そして、ユン・チホ伝道師は、「孤児の母」と言われる日本人の田内千鶴子女史と結婚し、二人で孤児の命と生活を守っていましたが、韓国戦が始まり、ユン・チホ伝道師は子どもの食料を求めて出かけたまま行方不明になりました。田内千鶴子女史は、結局戻って来なかった夫を待ちながら一人で共生園を守り、三〇〇〇人の孤児を育てました。今なお「孤児の母」と呼ばれる田内千鶴子女史のこの犠牲的な人生は、国境や民族、言語を超えた愛でした。田内千鶴子女史の生前には願いがいくつかありましたが、それは、社会的な支えを通して孤児でなくなる世界、孤児たちが社会の各分野で働くことができる世界でした。

私たちは、田内千鶴子氏の精神を学び、以下の趣旨のもと、「UN孤児の日」制定運動に賛同します。

一．［原点］

私たちは、神から与えられた子ども一人ひとりに愛情を注ぎ、家族と死別、離別して一人となった「孤児」を受け入れ、胸を張って堂々と生きることのできる環境を作る。

二．［協働］

現実に、世界各地で「孤児」の養育、支援に関わっているNGO、NPO、国、地方自治体等が協働して、「孤児」が置かれている現状とその要因を明らかにし、広く世界に発信するとともに、「孤児」となる要因の解決に取り組み、「孤児」への支援体制を強化する。

三．［新しい挑戦］

それぞれの子どもの個性、強み、弱み、環境が違うことを前提に、「孤児」を支援している個人、組織の叡智を集め、その専門的知識と援助技術に基づき支援の向上を図り、広く子ども支援のあり方を提案する。

四．［最善の利益］

「孤児」の最善の利益を追求し、権利条約に記載された子どもの権利を、広く普及させる。

聖書には「わたしの兄弟であるこの最も小さい者の一人にしたのは、わたしにしてくれたことなのである」（マタイ福音書第二五章第四〇節）とイエスの言葉が書かれています。私たちは、この声明によって、宗教や文化、言語、歴史が異なろうとも、子どもの誕生に「おめでとう」と言い、その成長の歩みを皆で見守り、支え、支援していく一つひとつの行動が広がっていくことを切に願っています。

二〇一八年四月　代表　阿部志郎（神奈川県立保健福祉大学名誉学長・横須賀基督教社会館会長）、市川一宏（ルーテル学院大学学長）、遠藤久江（社会福祉法人二葉保育園理事長）、岸川洋治（社会福祉法人横須賀基督教社会館館長）、潮谷義子（社会福祉法人慈愛園理事長・前熊本県知事）、松原康雄（明治学院大学学長）、山崎美貴子（神奈川県立保健福祉大学顧問）

ちなみに、尹基先生は、田内千鶴子氏の実の息子であり、日本と韓国のキリスト教社会福祉の実践と研究の橋渡しをなさってきました。孤児の日の制定の趣旨を共有し、共に取り組んでいく大切さを、私が痛感した時でした。

また、二〇〇一年には、日本学術会議社会福祉・社会保障研究連絡会において、社会福祉・社会保障の立場から考えたヒューマン・セキュリティのあり方について、田端光美、牧里毎治先生と検討素案を作成しました。そもそもヒューマン・セキュリティとは、防衛を基軸とした「安全保障」に対して、人間の生命と存在、そして生活を支える「人間の安全保障」を意味する考え方です。そこでの現状認識と対応に関して紹介します。

現状認識は、「第一に、産業構造や貿易等の経済のグローバル化と人間及び労働力の地域規模的往来・移住を視野に入れて考えると、従来のように自国民（自国の国籍を有し、定住している人）のみを対象とした、限定された一国のソーシャルセキュリティという考え方では限界が生じつつある。それは、一国のソーシャルセキュリティが国際的動向の影響を受けて長期的安定を保てないという側面と自国民以外の在住外国人のソーシャルセキュリティを考えないとその国自体が社会的に安定しないという側面とがある。

第二に経済成長による貧富の差の拡大と相互扶助機能の崩壊、都市におけるスラムの形成と存在の危機、生活様式の変化と新しい貧困および家族扶養機能の低下等、それぞれの国及び地域がもっていたセーフティネットが脆弱化してきている。したがって、セーフティネットの一つは、生活に必要な公共財とも言うべき資源の確保であり、緊急対応とともに、継続的な協同が必要となる。また二つめは、各国における潜在的な解決能力と可能性に対する有効投資であり、そのための教育支援が必要となる。とくに途上国の実情の分析や援助方法に独自性を欠く日本の責任、当事者支援＝自立支援型援助を重点にする必要がある」としています。

しかし、二〇〇一年にアメリカで起こった同時多発テロと、それに続く紛争・戦争によって、ヒューマン・セキュリティの議論は行われなくなりました。しかしながら、現在においてもその提案は有効であると考えています。具体的に、国際的ヒューマン・セキュリティに関して、提案では「発展途上国におけるストリートチュルドレンや貧困、エイズ問題、地雷等にともなう障がい者等に対する社会福祉・社会保障制度の確立と対人援助を行うソーシャルワークを推進するため、その国々のソーシャルワーク教育に従事しようとする人を留学生として受け入れ、教育・研修するプログラムを一層充実させること」等の必要性を示しました。

また提案では、国内的ヒューマン・セキュリティについて、「在住外国人は、それぞれ生活する地域社会において、生活文化の多様性を受け止められない住民と、地域での精神的安定と所属感を持てない住民によるコンフリクト等様々なコンフリクトに直面している。したがって、それぞれの文化や生活様式の相違を踏まえ、在住外国人が排除されない多文化共生の社会づくりをめざすために、交流促進の場の提供、社会の様々な場面に参加できるための言語の壁への対応、サービス情報に関する壁への対応、文化を理解したソーシャルワーカーの養成及び当事者の登用等の、コミュニティソーシャルワークを展開できるシステムをつくることが必要とされる」としており、今日の在住外国人の生活問題への対応と共通します。

まさに、これらは、日本国内における国際問題です。その事実を軽視しては、国際協力もできないと考えています。

なお、阿部先生は、神のとりなしによる和解を強調なさっています。「**和解を可能とする原点が、神様がイェス・キリストを通して人と和解をされたということであり、神の奉仕、神の赦しによって、人と人が憎しみを超えて、国と国による争いを超えて和解をしていくということ。これが神の罪の赦しです。罪を赦されて国と国、人と人が和解へと導かれる。神が私共の上に臨んで一人びとりの名を呼んで招き、その神の招きに応じて、応答することにより、和解は行われる**」（講演記録「憎しみを愛へ」二〇一八年七月一五日田浦教会若木委員会より）と指摘なさいました。阿部先生から私は、贖罪、和解、神の奉仕の意味を学んでいます。

第四節　連帯・協働を求めて

キリスト教信仰に基づき設立され、運営されてきた事業が、困難に直面する人の生活、生命、存在を支える先駆的・開拓的役割を担っていたことは、歴史が示す通りです。そして、多くの場合、創設者の強い個性と情熱、信仰が、使命を担う事業の推進力となり、先駆的に社会的役割を担っていました。また、ミッション（当時の外国伝道会）の援助と派遣された宣教師が果たしたリーダーシップが、事業の創設と発展を可能にしていました。

しかし、時代に応じて社会環境は変わり、それに応じて組織も変えられていきます。当然、理念についても見直しが必要でしょう。しかし、理念自体、また存立意義自体への問いかけが不十分となっていたのではないでしょうか。キリスト教社会福祉の事業は、措置費によって安定してきたものの、当初のミッションの検証が曖昧にされてきたという危機に、多くの事業が直面し、具体的取り組みが求められています。

また、日本キリスト教社会福祉学会においても、学会のあり方をめぐって、理事会を中心に議論を重ねてきました。特に学会が閉鎖的になり、社会福祉制度の急激な変化に対して、十分な発言力をもっているのかという問いへの十分な解答を一九九〇年代後半の学会は持ち得ていませんでした。そこで学会は、社会活動委員会を組織し、木村知巳氏、ニノミヤ・アキイエ氏、長谷川重夫氏と私の四名を委員とし、新たな取り組みの可能性を模索することになりました。同委員会では、第一にプロテスタントやカトリックといった教派を越えたキリスト者による社会福祉団体の連携が必要であること、第二にキリスト教社会福祉を担う研究者と実践者の連携が必要であるという認識に立ち、教派を越えて多くのキリスト教社会福祉関係施設・団体に呼びかけました。結果、一九九八年、ルーテル学院の礼拝堂において二一世紀キリスト教社会福祉実践会議設立総会が開催され、以下の四つの事項を目的とする新たな会議が創設されました。

㈠超教派の立場から、さまざまなキリスト教主義社会福祉団体の連携をはかり、協働して、きたるべき将来のキリスト教社会福祉の展望を切り開いていくこと。

㈡各キリスト教主義社会福祉施設および団体に働くキリスト者の育成と支援をはかること、そしてそれらキリスト者が、「キリスト教社会福祉」の意義を深め、アイデンティティをもつことができるように、相互啓発をめざすこと。

㈢社会の矛盾に対して、積極的に発言し、具体的に提言をすること。

㈣アジアを中心に協力、連帯、共生等国際的な視点で取組を目指すこと。

創設時の所属団体は、日本キリスト教社会福祉学会をはじめとして社会福祉法人救世軍社会事業団、日本カトリック司教協議会カリタスジャパン、日本キリスト教児童福祉連盟、日本キリスト教社会事業同盟、日本キリスト教保育所同盟、日本聖公会社会福祉連盟、日本バプテスト社会福祉事業団連絡協議会、ルーテル社会福祉協会となり、阿部先生が初代会長となられ、超教派の運営が始められました。その後二〇〇二年～二〇一三年はカトリック司教森一弘先生が、二〇一四年～現在は司教幸田和生先生が担われています。

第一回大会（設立大会）のテーマは、「二一世紀キリスト教社会福祉の展望―人間の叫びにどう応えるのか」、二〇〇〇年の第二回大会のテーマは、「今、何故キリスト教社会福祉なのか」でした。そこに共通する理念は、人間理解で、一九九七年・一九九八年の日本キリスト教社会福祉学会の全国大会のテーマも、「キリスト教社会福祉実践の現状・課題・未来―キリスト教人間観の視点から」でした。特に、設立当初から、各代表者が出席下さり、信頼に基づく協力関係が築かれて、大会が開催されたことに心から感謝していま す。新しいネットワークがスタートしたのでした。

なお、二〇〇二年六月、横須賀基督教社会館で開催された日本キリスト教社会福祉学会大会において、阿部新会長は、この三年間を学会全体で学び、蓄積する時期としてとらえ「神学と社会福祉学からみるキリスト教社会福祉」研究の重要性を説かれました。そして、市川を事務担当者として、関東地区、中部地区、近畿・中国地区、九州地区のブロックごとに研究会が立ち上げられました。近畿・中国地区では継続的に研究会が行われ、また関東地区では、二〇〇二年三月にルーテル学院大学において、「キリスト教人間理解」をテーマにシンポジウムを開催しました

また、定期的に研修が行われました。二〇〇三年にルーテル学院大学を会場に行われた第一回研修では、「キリスト教主義施設のミッション」をテーマに、また二〇〇四年の第

二回は、「キリスト教人間理解」をテーマに、二〇〇五年の第三回は九州ルーテル学院において行われた日本キリスト教社会福祉学会大会に参加し、二〇〇九年の第六回ではルーテル学院大学において行われた日本キリスト教社会福祉学会五〇周年記念大会を合同研修会とし、「キリスト教社会福祉～人間を真実に人間たらしめる～」をテーマに、いずれも阿部先生に講演をお願いしています。

阿部先生は一貫して「**教会にしてほしいのは、人間、人格、人生を語ってほしい。生と死を。これは教会しか語れないでしょう。人間の持つ有機的統合性という人格を教会が、訴えずして訴えることができるところはないんですね。その教会の神学に裏付けられて、社会事業が現場に出ていくわけです。いわばキリスト教社会福祉が持つべき人生観、社会観、世界観。これは教会が指し示すべきものだと思います。たとえば社会の連帯とは、いったい何なのか。人間は、どういう存在なのか。なぜ隣人と愛し合わなければならないのか。**」と言われています。この言葉は、るうてる法人会連合が事業の原点に立ち返る機会になるとともに、阿部先生の期待にどのように応え続けていくことできるかが、連合は問われていると思います。

今まで、二一世紀キリスト教社会福祉実践会議とるうてる法人会連合の意義と活動について ふりかえってきましたが、私は、以下の考え方をもって関わらせて頂きました。すなわち、住民のそれぞれの多様性を認め、共に生きる共生社会を目指した取り組みをしている個人、団体が、同じ目的を掲げている他の団体の違いを理解し、互いに尊重し合い。連帯、協働して共生社会を目指さないならば、それは自己矛盾ではないでしょうか。そして、そもそも組織内でしか通用しない常識は、一般的には非常識と言うと。

第五節　ルーテル学院大学の挑戦

「弱さを補う、土（アダマ）の器でありながら、神の息が与えられるとき、そこに命が宿るという人間観は、狭義での宗教教義を超えて、きわめて普遍的かつ今日的意味を持つ」
（「二一世紀キリスト教社会福祉実践会議第五回大会阿部志郎先生の巻頭言」）

ルーテル学院大学は、ルーテル教会の青少年教育の一環として、一九〇九年に創設された路帖神学校に始まり、二〇一九年には、創立一一〇周年、三鷹キャンパスへの移転五〇周年を迎えました。私は、一九八三年にルーテル神学大学の専任講師になりましたが、当時の学生数は、一学年で二〇名前後であったと思います。しかし、確実に社会福祉の専門職の必要性が高まっており、一九八七年に神学科キリスト教社会福祉コースは独立して社会福祉学科となり、従来の神学科と合わせて文学部二学科体制になりました。当時の学科長は前田ケイ先生でした。また、一九九二年には神学科に設置されたキリスト教カウンセリングコースが、二〇〇五年には臨床心理学科になり、神学科をキリスト教学科に改組して、総合人間学部三学科体制になりました。当時の臨床心理学科の学科長は白井幸子先生でした。ちなみに一九九六年に学校名をルーテル学院大学としています。

さらにルーテル学院大学は、二〇〇一年に大学院 人間福祉学研究科 社会福祉学専攻（修士課程）を開設し、二〇〇四年に博士課程を増設しました。これは、深刻な生活問題を解決するためには、高度な専門知識と専門技術をもつ人材が求められるという、福祉現場、教育、研究の要望に応えるものでした。しかも、開講時間を、木曜日・金曜日の六限、七限という夜間と、土曜日の一限から五限とし、福祉現場等で働いている専門職も受講できる仕組みを考えました。そのため、優秀な教員を配置しましたが、大学院があるということは、大学自体の教育力、研究力を高めたと実感しています。当時の大学院社会福祉学専攻主任は前田大作先生でした。また二〇〇四年、大学院に臨床心理学専攻を設置し、一研究科二専攻体制とし、人間福祉学研究科を総合人間学研究科に名称変更しました。ルーテル学院大学は心と福祉と魂の高度な専門家を養成する教育機関となりました。

すなわち、キリスト教学科は、キリスト教に基づき人間の存在と神から与えられた命の尊さを学び、イエス・キリストの愛を伝える人材を生み出す学科です。社会福祉学科は人間の生活を支える仕組みを作り、援助をしていくソーシャルワーカーを養成する学科です。臨床心理学科は、人間の心に寄り添い、援助する心理の専門職の養成を目的としています。これらの三つが合わさって「心」と「福祉」と「魂」の高度な専門家を養成する大学になりました。

さらに二〇一四年、ルーテル学院大学は人間福祉心理学科に子ども支援コース、社会福祉援助コース、臨床心理コース、地域福祉開発コース、キリスト教人間学コースという五つのコースを設けました。学生にはキリスト教学、いのち学、社会福祉学、心理学等の学びを通し、人間を理解し、心理を学び、福祉の実践を身につけて卒業していく機会が提供されます。

これらの改革の目的を、以下のように整理することができます。

第一にミッションにたえず立ち返ること。るうてる法人会に所属する社会福祉法人、幼稚園・保育園の多くは、「はっきり言っておく。この最も小さい者の一人にしなかったのは、わたしにしてくれなかったことなのである」（マタイによる福音書第四五章第二五節）もしくは「わたしの目には、あなたは高価で尊い。わたしはあなたを愛している。」（イザヤ書第四三章第四節による）との聖句を掲げ、事業を開始しています。すべての生命は、神様から祝福されて与えられたもの。この事実に、疑義をはさむ余地はありません。また同時に、「自分のためでなく、隣人のために生きて、仕える生に神の祝福があるように」という宗教改革者マルチン・ルター精神を継承していくために、社会から求められる専門職を養成する教育を目指してきました。だからこそ、「どうして教育するのか」という問いに答えることができます。

第二に、キリスト教人間教育の強化です。阿部先生は、「『主なる神は、土（アダマ）の塵で人（アダム）を形づくり、その鼻に命の息を吹き入れられた。人はこうして生きる者となった。』（創世記第二章第七節）とあるように、命の息吹がスピリチュアリティであり、『自己存在を超える深みから、根源的に人間を支え動かし、知情意を統合して生きる意味を内発的に問いかける力』」と定義されました。私は、スピリチュアリティとは、人間の存在の根幹となるものであり、人間の生命の尊厳を表す考え方、生きることの意味を示すものであると考えます。この信念をもって利用者と共に歩む専門職を育てることができます。

第三に卒業生の多くが、人を支援する現場で働いていますが、支援の相手は、学問領域で分けられるものではありません。阿部先生が良く言われる「**靴に足を合わせるのではな**

く、**足に靴を合わせる**」という視点に立ち、キリスト教学、いのち学、社会福祉学、心理学等の学びを通して、利用者が直面する課題を総合的に理解し、個々の利用者に合わせた援助を行う専門職となることができます。

確かにルーテル学院大学は、小規模大学です。しかし、教育への情熱とネットワークはマンモス大学にひけをとらないのはもちろん、組織として柔軟で迅速な対応ができるという強みがあり、皆で協力して改革を行ない、存在感を示してきたと思っています。また、ルーテル学院大学がもつネットワークは、るうてる法人会連合、諸外国のルーテル教会とのネットワークに代表されるように、広く、かつ大きな可能性をもっています。今後も、互いに啓発しあい、たえずミッションに立ち返り、協働してミッションを実現していくことができます。

そもそもミッションは建前ではなく、日々の業務に活かされるべきものです。だからこそ、たえずミッションに立ち返り、日々の教育を検証していかなければなりません。その取り組みを阿部先生はたえず応援して下さいました。一九九八年の大学院創設記念会において、「キリスト教社会福祉」の思想的リーダーとなる後継者の育成という使命を私たちに託されました。また二〇〇九年のルーテル学院一〇〇周年記念礼拝で、広くキリスト教的人間理解を推し進めるルーテル学院大学の使命を熱く述べて下さいました。

今の社会は、混乱のただ中にあります。たくさんの方が排除され、また解決困難な問題が顕在化しています。その方々に、希望の光を届ける使命を実践していくことが、私たちに求められていると思います。そもそも完全な知識、実践などあろうはずがない。地域や組織の要請に応じ、自分の立ち位置を考えることが必要になる場合もあります。だからこそ、私は、それらのことを可能にするために、ルーテル学院大学・大学院は、卒業生や現場の方々が学び続けることができる環境を整える使命をもっていると思っています。

第六節　福祉専門職である前に一人の人間であれ

「Lifeをどのように日本語に訳すのか。命と訳すと医療が、生活と訳すと福祉が、では人生と訳すと何が対応するのか」

阿部先生は、この問いかけをよくなさいます。このテーマは、今の社会福祉現場の課題でもあります。Lifeは、㊀命、生命、人命、㊁生命をもった人、㊂生活、暮らし方、㊃人生、等々の多様な意味に訳すことができます。いずれも、生きていくために欠かすことのできないものです。利用者が生きていくことを支援する社会福祉は、㊂の生活に留まらず、個々の人の生き方、生きてきた誇り、信念を大切に、㈣の人生に対応する必要があります。その結果、利用者の生活意欲は高まり、その能力に応じた自立の可能性が広がるのです。

次に、そもそも専門職とは何者か、考えていきたいと思います。

問㈠**専門職は、利用者の生活の豊かさにどのように貢献できたか。**今、「生きる」一人の人間と、専門職が把握する利用者との狭間がなかなか埋まらない事実が、利用者の決定的な不満を生み出しています。悲しみや痛みを感じ、喜びや感動する心を抱き、自分らしく生きたいと葛藤し、人間としての誇りを生きる糧とし、安心する心の拠り所を求めさまよう、そうした人生を一歩一歩積み重ねて生き抜いてきた利用者とともに、専門職は歩いてきたのでしょうか。専門職は、そのことをたえず検証していくことが必要です。

問㈡**専門職の原点はどこにあるのか。**私は、以下の三つのことを大切にしています。

一つは、生命の理解です。私は、「命」「生命」「いのち」という言葉を使ってきました。ここで改めて、基本的な考え方を整理したいと思います。まず「命」とは、きわめて医学的、解剖学的、生物学的な意味で用いています。心臓の鼓動を意味する時には、命を使います。これに対し、生命とは、生きていく、生き抜いていく、尊厳をもって、意志をもって、誇りをもって、生きていくと言うような、人間の尊厳や人間理解をめぐる重要な意味を持たせて使ってきました。なお、私は、今まで、「生命」「いのち」とは、同じ意味で用いています。すべての生命は、祝福されて与えられたもの。この事実に、疑義をはさむ余地はない。生まれて来た子に、「おめでとう」と言うのは、当たり前です。

二つは、人間の理解。専門職の狭い知識で描かれた利用者像に個々の利用者を当てはめていないか。人を人としてあらしめる感性、知性、意識があるか、私たちは問われています。専門職である前に、一人の人間でありたい。

三つは、人生（生きていく意味）の理解。人生は山の頂きに向かって歩んでいく道程であると思います。その道の途中に、様々な出会いがあり、障がいがあり、それを乗り越えていくために、共に歩んでいく人たちの絆が生まれる。私も、今まで解決困難なたくさんのことに出会い、多くの絆を結び、解決してきました。その時の苦労とともに、助けて下さった方々への恩は忘れていません。だから今でも信頼関係が続いています。しかし、その絆が断ち切られた時に、私たちは戸惑い、迷い、歩みを止めてしまう。今、さまざまな絆が断ち切られています。孤立状態にある方々が急激に増えている。特に、老いて孤立していく方も多い。私は、教会の礼拝で、老いについて語られた阿部先生の説教をお聞きし、以下のメッセージを書きました。

「高齢期は喪失の時代であると言われます。加齢によって、身体の機能は低下します。愛する家族や親しかった友人を失う悲しみは増えるばかりです。しかも仕事は定年を迎え、自分にふさわしい新たな役割を探さなければなりません。なのに聖書には老人は夢を見、若者は幻を見る（ヨエル書第三章第一節）と書かれており、夢と幻、すなわち明日への希望を持つことができるだろうか。頭を抱えて、明日への歩みを止めてしまう自分が良く見えます。だが、「老いの坂をのぼりゆき、かしらの雪つもるとも、かわらぬわが愛におり、やすけくあれ、わが民よ」（日本基督教団讃美歌第一編二八四番）と賛美歌にあるように、山の頂に向かって歩み続ける兄弟姉妹がおられます。感動する心と希望をもって、明日に向かって今を生きる方々の歩みに私は勇気づけられます。誰にも将来を見通すことはできません。過去の後悔に押しつぶされそうになります。しかし、神の愛のまなざしを心にとめ、日々祈りつつ今を生きることによって、過去の事実は変わらなくとも、過去の意味が変わっていく感動を、神はたえず私たちに与えてくださる。だから見通せない将来に向かって、日々の歩みをとめてはなりません。

そして、最後の時、支えてくれた家族や人びとに感謝することができたなら、それは人生最後でもっともすばらしい証し。感謝する人の命が光ります。見取る人びとの思いがその人の命を通して光り、その人を支えてきた神の愛が、その人の人生を通して光り続ける。神の愛は、とどまることなく最後まで私たちに注がれています。このような人生に停年はありません。」

専門職には、それぞれの人生の歩みを支えて頂きたい。

問㊂**支援の限界をどのように考えるか。**私は学生や卒業生にいつも「誰もできること、できないことがあり一人で抱えないで」と言っています。福祉の現場では、解決がたやすい課題ばかりではありませんから、それを全て自分で解決しようと思わないでほしい。本当の専門職は「自分の限界を知っている人」です。より良い専門職は、医療とか保健、教育、行政などとの「連携」の意義と可能性について知っている人だと。様々な領域の専門職や住民を「繋ぐことができる人」になって欲しいと。そのためには、どんな課題にぶつかろうとも、抱え込まないことが大切です。利用者の全ての要望に応えることも無理です。その課題に対して無力な点もあるけれど、それぞれに「強み」もあります。それを共に理解しながら、地域という場で、一緒に歩んでいく。出来ないからと放置するのではなく、どうやったら実現できるかを利用者の声も聞きながら一緒に考える。そのプロセスが大事だと思っています。

問㊃**利用者と同じ目線に立ち、関わっているのか。**患者の同意の上で医療行為を行うというインフォームドコンセントの考え方は、社会福祉の分野においても常識となっています。しかし、その伝える内容、時、場所、相手、その後のフォローと支援のネットワーク等、十分配慮する必要があるものの、一方的に医師等の専門職の判断に委ねられてしまうことも少なくありません。専門職は絶対ではなく、それぞれの判断の理由と根拠を説明する責任が課せられているのです。

問㈤**利用者が生活している、またかつては生活していた地域を念頭に置いた援助をしているのか。**子育ても、子どもの成長も、家族の歩みも地域やさまざまな関係性の中で生まれ、育まれてきたと思うのです。人に支えられたり、励ましたり励まされたり、傷つけたり傷つけられたり、そしてまた和解をしたり…。いろいろな出会いがあったはずです。その出会いが切れて、結局は小さな空間に家族だけがいる。それが今の多くの家族であり地域の現状だと思っています。その結果、引きこもりが増え、それがずっと続いている人が多くなっています。その人が地域に巣立とうとしても十分なサポートが出来なくなっています。

やまゆり園の事件は大きな衝撃でしたが、私は神奈川県議会から意見を聞きたいと言われた時に申し上げました。「私たちが共に生きる社会を目ざそう、そして障がいを持っている人たちと生きていく社会を目ざそう」と。私は障がいを持たれているそれぞれの方が生きていく姿から学んできました。つまり、その人たちの生命を軽視して侮辱したりすることは、私たちが積み重ねてきたことを否定することであり、それにどう立ち向かっていくことが問われるのではないかと。そして、もうひとつ学んだことがあります。「学び」

は日々の生活の中で追い求めていくものだということです。そして、絶えず言い続けていくことが大切です。

地域に生活する一人ひとりが障がい者理解を問われていることも知りました。やまゆり園事件では、家族だけではなく私たちも大きな重荷を背負いました。地域における障がい者施設の使命を、もう一度再確認する必要があると思います。そういう意味で、地域住民と入所者の絆を寸断させてはならないと思います。

私は常々、「地域のない福祉はない」と思い、言い続けています。ですから、地域に存在する施設も地域から孤立した〝収容所〟であってはならない。利用者がそこに住んでいるわけですから、地域における関わりを持ち続けられるようにチャレンジすることが不可欠なのです。私は学生にも卒業生にもはっきり言っています。「地域を忘れるな」と。地域は利用者、当事者そして私たちが成長する場だと。その地域とどう折り合いをつけていくか。それを考えることが必要だと思っています。

問㈥「**どのように支援するのか**」**というだけでなく、**「**どうして支援するのか**」。大切なことは、先にも述べた「人間理解」です。人間理解に始まって、共感へと昇華する。共感があるから関われるのだと思います。福祉の仕事はそこにひとつの特徴があるのではないかと。もうひとつが、「人間と真向う」ことであって、ある意味で文化を創造することでもあると思います。つまり、福祉の仕事はひとりの人間の問題に関わっていくのだということです。このことがとても大事なことではないかと。それはソーシャルワーカーの役割じゃないでしょうか。

困難に直面している人に向き合うことで「共感」が生まれます。福祉で働こうとしている私の大学の学生の多くは「現場でなんとかしたい」「実践したい」と思っています。福祉や心理を学びたいというはっきりした目的を持って入学しているからです。彼らに言っています。

「専門職であることは必要です。しかし、専門職である前にひとりの人間でありなさい。そのことによって見えてくることは沢山ある」と。大事なのはやはり困難に直面した人たちに寄り添っていけるかどうか。仕事がマンネリ化した時、仕事に行き詰まった時には「原点に戻るために、学校に戻って来なさい」と言っています。原点に戻るために学習をしてほしいと。

福祉の魅力は、「誇り」です。その人と共に歩み、困難にある方にみんなと一緒に手を差し伸べる。そして、自分も手を差し伸べられていることに気づく。互いに共生の社会を目ざすということは「誇り」です。

阿部先生は、「助けるだけではなく、助けられる。そこが非常に大事だと思います。

サービスの意味は、『身を低くして塵の中に座れ』である」と言われます。私は時として、困難に直面している人への支援に忙殺され、自らを見失うこともあります。また自分の今の働きが、社会に貢献しているだろうかと疑問をもったり、自己嫌悪になることもあります。

しかしアフリカで砂漠の緑化に取り組んでいるNGOの代表者が言いました。森を砂漠にするのには一年もかからない。しかし、砂漠を緑化するのは五〇年、一〇〇年かかります。とてつもない労力が必要ですと。しかし、一本の木から植えなければ砂漠の緑化は成り立ちません。一本の木を植え続けることによって、やがては砂漠に緑が戻ってくることを願いながら、まず一本の木を植えていきたいと思います。

第七節　神が助けを必要とする方のそばに

「絶望と思われる状況に置かれても、希望に生き、それを捨てない哲学を自らのものとし、希望に生かされて歩むことができるかが、一人ひとりの人生の宿題であろう。その希望を語り続けるのが、福祉哲学の本質であると言いたい」。（阿部志郎『福祉の哲学』）

二〇二〇年初頭に始まる新型コロナウイルスの広がりは、今までの人々の関係を打ち砕き、不安、恐怖、不信、怒りを生み出し、負の連鎖が広がってきています。そして、二〇二〇年末を迎えて感染症は拡大し、さらに経済不況は深まり、自殺者や失業者は増加し、要介護高齢者の増加、虐待、孤立等の課題も改善の兆しはありません。また見守りやサロンを通して地域の居場所をつくり、大切な人と人の絆を結んできた多くの住民の活動やボランティア活動は、中止、休止を余儀なくされています。さらに専門職による相談や直接ケアを伴う援助が難しく、いくつもの事業所は事業を継続できるかどうかという課題に直面しています。

冒頭に書いた阿部先生の言葉は、混迷を深めている地域をどのように再生していくのか、戸惑っている私たちに決意を促していると思います。

ふりかえって、私は、二〇二〇年三月まで、宮城県石巻市社会福祉協議会の地域福祉アドバイザーをさせて頂きました。また二〇一九年度は、石巻市の同アドバイザーも兼務させて頂きました。そもそも二〇一一年三月一一日の東日本大震災の被害状況を見て、いてもたってもいられず、親しい友人がいた石巻を定期的に訪問させて頂きました。しかし、そこで社協職員や住民、民生委員、ボランティア、関係者等と地域の再建を目指した経験は、かけがえのない友情を築くとともに、地域福祉活動の原点を学ぶことができたと思います。当たり前の生活が出来なくなり、いつも一緒にいた家族が津波によって流され、家もなくなり、思い出のかずかずも失なった。そんな失意の中でどう生きていくかを考えながらも、周りの人たちに支えられて明日に向かって歩もうと努力しておられるたくさんの方々とお会いしてきました。私は家族や友人との絆といった、自分にとって「あるのが当たり前」と思っていたことが、実はとても価値があるのだということを学びました。また、絆を失なったたくさんの方に希望を届けられるのか。一人ひとりの可能性と明日への希望をどのようにお伝えすることができるか、わたし自身が問われていると思いました。被災した方に一人ではないとお伝えする役割を社協のコミュニティソーシャルワーカーは担い、寒く地面が凍った時も、事務所から出て、支援をし続けました。ちなみに、一〇数名のワーカーの半数は、遠くは九州等の県外から就職した方々でした。私は、発災後まもなく、まだ津波の跡が残っている市街地を歩いていて、ある看板を見つけました。そこには、こう書かれていました。「できることから、始めよう」。

繰り返しになりますが新型コロナウイルスが広がり、今までの関係を打ち砕き、不安、恐怖、不信、怒りを生み出し、負の連鎖が広がってきている今だからこそ、私は、大切なもの、大切なことを守る決意が必要だと思います。私は、その中に「人への思いやり」を加えたい。

二〇二〇年一一月、三鷹市、調布市、小金井市の地域包括ケアセンター担当者、医師会、看護学科教員、三市の介護保険事業計画の行政担当者、都の担当課長、ボランティア、NPO、社協等、地域ケアの実績と知見をお持ちの方々に登壇していただき、四回にわたりZOOMで、地域ケアの現状と課題、そして打開策を具体的に検討しました。一五〇名を超える方々が登録され、毎回七〇名から一〇〇名の方が参加されました。そこで考えたことをお伝えします。

第一に、自らの働きを問い直すことです。確かに、コロナウイルスによって、様々な支援が止まりました。その結果、大切なFACE to FACEの関わりができにくくなってきました。そのことによって、互いの心の交流ができなくなり、支援してきた方々が寂しさのただ中に置かれてしまったならば、今までの関わりが大切であったことを意味します。何としても関わりを再生するか、それに代わる行動を生み出していかなければなりません。

私には、たくさんの教え子がいます。今、病院は、院内感染を防ぐため、面会を制限しています。ガンセンターに勤める教え子は、家族と会いたがっておられる入院患者の方々と、見舞いに行きたくても行けずに病院の外からずっと病院を見上げている家族や友人の方々との関わりをどのように繋いでいくか、患者の傍らにいて、日々苦闘しています。私たちは、何をすべきか、何ができるか、コロナに問われているのではないでしょうか。

第二に、それぞれの地域で、職場で、学校で希望の光を灯すこと。お金を失うと生活の危機、名誉を失うと心の危機、希望を失うと存在の危機と言われます。私たち福祉の担い手にとって、大切なことは、希望を届けること。共に明日に向かって日々歩んでいく先に、希望の光がはっきりと見えていると思っています。

第三に、これからの勝負は、コミュニティをどのように再生するかということ。今、孤立、貧困、虐待、自殺、認知症や要介護状態にありケアを必要とする人々が着実に増加しています。しかし、これは今に始まったことでなく、今まで見て見ぬふりをしてきた現実が深刻になり、問題が明らかになったと考えることが正しい。ならば、より多くの方と協働して、その防止と対応に取り組む機会が生まれたと考えたい。そして、生活の拠点であるコミュニティを再生しないと、コロナの予防・対応もできません。感染を恐れ、罹った人の非難・排除、最前線で対応している医療や福祉従事者に及ぶ中傷は、互いの存在を認め合ったコミュニティがいたる所で寸断されている証拠。ならば、様々な関わりの方法を開発し、地域にある資源を掘り起こし、相互の関わりを取り戻すことが急務であると思います。困難が深まる今、私たちは、覚悟をもって明日に歩んでいきたい。

私は今まで、たくさんの住民、ボランティア、行政、社会福祉協議会、社会福祉法人の方々と一緒に仕事をしてまいりました。この四〇年間に蓄積した知識や経験と、一緒に取り組んで培ってきた信頼は、今の未曾有の困難に取り組むためにあるのかなと思っています。

「神は苦しむ人間の姿を見て、見逃さず駆け寄り、寄り添い、その痛みを背負って下さる方であることから、強い共感が生まれる。神と同じように人々の苦しむ姿に共感して駆け寄るならば、神を信じる、信じないにかかわらず、意識するとしないとに関わらず、神と結ばれた共に歩む隣人である」（カトリック司教森一弘先生）と私は考えています。この困難な時代を生き、仕事を失い、また今までの絆を断ち切られ、悲嘆し、希望をもつことができなくなっておられる方々を支えるべく、神がその方々のそばにおられるからです。そこから、私たちに一人ひとりの存在を伝えておられる。

第八節　律先生への思い

二〇一八年一一月五日、私が病院に入院する当日の朝、電報が届きました。「**神は『あなたの老いる日まで私が担い背負いかつ救い出す』お二人に神の豊かな平安あれ**」**阿部志郎**。自分の体調はもちろん、ルーテル学院大学の学長として新たな挑戦を行っていた最中、その場を離れることを不安に思っていた私を励まして下さる内容でした。宛名は私と妻になっていました。私たちは、日本基督教団阿佐ヶ谷教会で説教なさった約四〇年前に先生にお会いしました。また先生は、たびたび律先生とご同伴で日本キリスト教社会福祉学会大会に出席になり、その前日の夜に妻を交えて何度かお食事をいたしました。先生が、電話を下さる時の相手は、時として妻であり、労りと感謝を述べて下さり、「もう用事はすべて済んだ」と言われて電話を切られる時もありました。先生のご著書『愛し愛されて・継承の小径』では、最初に「妻　律を想う」を書かれ、先生と一緒に歩まれた律先生との思いを綴られています。阿部先生は生活問題に直面する住民の方に絶えず向き合ってきましたが、その原点はご家族にもあったと私は思っています。

「律が去って、はや、三年。いま、わが家にできた空間は、広すぎて、深すぎると思えることがしばしばある。律が逝って寂しい、〈略〉「寂は」は茶道ではどんな時にも動かぬの意味だという。ベターハーフを失い、残されたハーフの身に寂しさが襲う。しかし、私はたじろがない。昨日ではなく「これから」の老後を生きよう。律と再び出会う日まで――」

と結ばれました。

分け隔てなく、住民とともにコミュニティの創造を目指した横須賀基督教社会館館長としての働きが、キリスト教信者として自分を厳しく律するその生き方が、そして「**愛は、理解することです。信頼です。支え合うこと。寛容なこと。正義を喜ぶこと。そして許し合うことです。**」「**長い実践のなかで、学んだこと、見聞きしたこと、涙したこと、微笑みを誘われたこと、感動したことは数えきれない。これらの体験を整理し、施策を跡づける、それが私の哲学である。**」（阿部志郎『福祉の哲学』）という姿勢を貫かれた強い使命感と生き方が、私たちの心を揺らし、共感を呼び起こしています。それは、阿部志郎先生という人間そのものの存在から発するメッセージであり、私への神様から贈り物であることを、私の人生を通して学び、感謝するのであります。阿部志郎先生から頂いたメッセージを心に深く受け止め、神様から許される限り、この困難な社会で明日への希望の光を届けるという使命を少しでも実現していこうと思っています。（本稿の執筆にあたり燦葉社の白井隆之氏のご支援に感謝したい）

第三章

心はあたたかく、されど頭は冷やかに

神奈川県立保健福祉大学専任講師　岸川　学

第一節　「福祉」との出会い

社会福祉との出会い

阿部志郎先生とはじめてお会いした時の記憶が私にはありません。覚えているのは、日曜日の朝、教会の玄関で阿部先生の足にしがみついていたこと。阿部先生はしゃがみ込み「よく来たね」と私の視線に合わせて頭をなでてくれたことを思い出します。いつも優しい笑顔で迎えてくれる阿部先生は私の中でイエス・キリストと重なっていました。幼いころから阿部先生の後ろ姿を見て育ったことが、福祉の道を歩む一つのきっかけになったのだと思っています。

阿部先生の「講演」をはじめて聴いたのは浪人生の時だったと思います。それまでにも高校の入学式、卒業式でも祝辞を聴いているはずなのですが、自分の意志で阿部先生のお話しを聴きに行ったのはこの時だったと記憶しています。はたして自分の意志だったのだろうか。自分の意志…というよりも、当時九〇歳を過ぎていた祖母が近所の教会で阿部先生が講演をされるので聴きに行きたい、だから連れて行ってくれ、ということだったような気がしています。祖母とともに阿部先生の講演を聴きに行きました。

日曜日の午後。ピッと背筋を伸ばし、両腕を講壇にのせて語る阿部先生の手元に原稿や資料は一切ありません。言葉だけで福祉を語る阿部先生のすごさをあらためて知りました。このとき自分の歩むべき道が示されたように感じます。この人について行きたい、この人のようになりたい。進路を迷っていた私は、大学で社会福祉を学ぼうと決心したのを覚えています。

阿部先生の講演で初めて知り得た知識があります。「ノーマリゼーション」です。ノーマリゼーションはバンク・ミケルセン、ヴォルフェンスベルガー、ニーリエの三人によって構築された社会福祉に大きな影響を与えた理念です。福祉先進国と言われる北欧において、かつて知的障がいのある人たちが地域社会から閉ざされた施設に隔離されていた。それに異を唱えたのがバンク・ミケルセンであった。どんな人も一人の人として、あたりまえの暮らしを実現するための理念としてノーマリゼーションを提唱した。このノーマリゼーションの実現が地域福祉である。そのような内容だったと思います。

阿部先生の講演を通して、「ノーマリゼーション」が知的障がいのある人への福祉から生まれたことを学んだのですが、この時はまさか私が障がいのある人たち、特に知的障がいや自閉症の人たちを支えるソーシャルワーカーになるとは夢にも思っていませんでした。

なぜなら障がいのある人、特に知的障がいのある人に関わる支援者やボランティアは、どこか聖人めいた優しさを身にまとった特別な人、という偏ったイメージが私の中にあり、卑屈な私には無関係な世界だと思い込んでいたからです。

重度知的障がいを伴う自閉症の青年と出会って

一年間の浪人生活を経て、社会福祉を学べる大学への入学が許されました。大学1年生の夏休み、サークルの先輩に連れて行かれた自閉症児・者親の会主催のキャンプで自閉症の青年と出会いました。私はボランティアとして、同い年の重度知的障がいを伴う自閉症の男性と二泊三日を共にすることになりました。彼の行動は特異で、その場から逃げ出したくなるようなショックを受けました。食事は咀嚼して飲み込んだものを皿の上に吐き戻し、それ飲み込むことを繰り返しました。キャンプ初日の午後は二時間の海水浴、二日目は午前ハイキング五㎞、午後海水浴二時間といった体力を使うプログラムであったにもかかわらず、彼は二泊三日で一睡もしませんでした。消灯後は木製の二段ベッドの柱を一晩中回っていました。

このキャンプを経験し、私はこれほど大変な人たちとは二度と関わりたくないと思いました。人生の中でもっとも過酷な三日間だったと思います。キャンプが終わり自閉症の男性と別れの間際、男性のご両親から感謝の言葉をいただきました。そして、よかったらまたキャンプに来てくださいと声をかけてくれました。家庭では大変なことが多く、ドアノブはチェーンと南京錠で施錠しないと家を飛び出してしまうこと、水道も目を話すと蛇口を全開にして流し続けるため、針金を巻いて固定して開栓できないようにしている…そのようなお話を伺いました。私はこれだけ大変な人が自分の子どもなので、親として疎ましく思っているのではないかと思っていました。しかしご両親は年に数回、自閉症の子を連れて旅行やバーベキューに出かけているとのこと。大変な息子であるにもかかわらず、ご両親は我が子をとても大切にしていて、とても愛されていることが伝わってきました。こんなに大変な人と二度と関わりたくない、と思ってしまった私は本当に申し訳ない気持ちになりました。このキャンプのあとにも、いろいろな人と出会い、関わってきました。自閉症の人、知的障がいのある人、そのご家族、支援者。私は知的障がいや自閉症の人の家族の、毎日が大変であっても明るく前向きな生き方に心打たれ、自閉症や知的障がいのある人の余暇活動支援や生活体験のボランティア活動にのめり込みました。そして、これだけ日常生活を送るうえで大変な人たちの人生をいったい誰が支えられるのだろうか。誰かが支えなければならない。それは社会福祉が担うべきではないか、という思いが強くなっていきました。

第二節　ソーシャルワーカーの経験

支援者としての挫折を経験して

こうした学生時代の経験から重度知的障がいを伴う自閉症者の地域生活を支える通所施設を就職先に選びました。私は地域福祉の実践者としての阿部先生に憧れて社会福祉の門を叩きました。そして阿部先生から教わった「ノーマリゼーション」が心に強く刻まれています。ノーマリゼーションの実現を果たすべく、地域社会を基盤とした社会福祉実践に携わりたいという想いが強かったと思います。

ボランティアとしての経験は豊富でしたので自信満々にして実践の世界に足を踏み入れました。就職先を阿部先生に報告すると「君には高齢者福祉をやってもらいたかったなあ…」と同時に、「心はあたたかく、されど頭は冷やかに」「目を離さず手を出さず」という助言をいただいたことを思い出します。私はこの言葉を胸に刻み、良き支援者になることを夢見ました。

私が就職したのは、自閉症児・者親の会が長年にわたる運動を経て立ち上げた社会福祉法人が運営する、開設一年半の利用者三〇名が通う通所施設でした。利用者の方々は自閉症ゆえの支援の困難さを伴う「つわもの」揃いです。他の施設では「お手上げ」状態となり、この施設に移らざるをえなかった人も多数います。また施設建設の際には近隣地域の住民が反対運動を起こし、地域社会との関係は断絶状態でした。それでもこの施設に希望を持って就職しました。自閉症者支援の専門性を有していること、そして、どんなに障がいが重たくても一人の人として社会の一員として生きることを支援する、そのような理念を持っていたことからです。

ところが入職して一ヶ月、私の内面は大きく変化していました。当時の日記に次のように綴っています。

「今日もAさんを担当する。Aさんを担当するのは本心うんざりである。毎日が同じ一日である。それに加えAさんは週末に近づくとハイテンションになるので私が意図した通りには行かない。私は彼を思いのままに動かしたいだけなのではないか。それではいけないと自分に言い聞かす。Aさんの気持ちを忘れがちだ。疲れとは恐ろしいものだ。追いつめられて行く。とても苦しい。精神に鞭を入れて午後を過ごす。今日も変化は見られなかった。トイレ対応でうまく行ったくらいであろう。本人のためではない。自分のためである。

今日もまた、一、二度、ひっぱたきたくなった。申し訳ない…。」

Ａさんとは自閉症の青年でいわゆる問題行動を呈する方でした。Ａさんと日々関わる中で、何とかして自傷行為やこだわり行動を無くすことにとらわれていきました。先輩職員はうまく対応できるのに、私が関わってもＡさんは先輩職員の時のように動いてくれない。自分の無力さを感じました。自信も失って行きました。そして就職した一年目の夏休み前日、私は泣き崩れ、燃え尽きました。

気持ちを切り替える

この年の夏休み、大学時代の友人と再会し、また、帰郷して両親や祖母に会い、心許せる幼いころからの教会の仲間とキャンプに出かけ、気持ちをリセットしたのを思い出します。今思えば、泣き崩れた直後に一〇日ほどの休みがあり、旧友や親類に悩みを打ち明けたり思い出話にふけったりすることで気持ちがリセットできたのだと思います。気持ちを切り替える術をこの時身につけたように思います。

燃え尽きた後の数ヶ月は低空飛行が続きました。それでも研修などに積極的に参加し、新しい知識を得ること、外部との交流や情報収集に力を注ぎました。また、阿部先生から受けた「心はあたたかく、されど頭は冷やかに」という言葉を再び胸に、思考の転換を図る努力をしてみました。「いかに」問題行動をなくそうということから、「なぜ」この人はこのような行動をするのだろうか考えるようにしました。人間の行動には必ず理由があると考え、仮説を立てること、詳細な記録を残し分析すること、自閉症や知的障がいのある人から教えてもらう謙虚な姿勢を持つこと、そしてうまくできなくても、失敗しても何とかなるというおおらかな「あたたかい心」を意識して関わること。「明日のことで思い悩むな」という聖句にも救われました。私の気持ちは楽になって行きました。

障がいのある人が持っている力に励まされて

就職して四年目に重度知的障がいを伴う自閉症の人が暮らせるグループホームの立ち上げに関わることになりました。このグループホームに二〇代後半・男性の自閉症者が四名入居することになりました。この四名は各々の家庭で昼夜の逆転、他害、破壊行動などが頻発していました。入居に際しては、時間の概念理解が困難であっても見通しを持った生活が送れるように絵やイラストなどビジュアル化されたスケジュールを用意しました。どこで何をするのかわかりやすくするために構造的な配慮をした空間を作りました。入居者の家族は、我が子を他者に託す申し訳ない気持ちと、生活場面が変わることで大きな混乱を来すのではないかという不安な気持ちでいっぱいでした。ところが、家族の想像に反して本人たちはクールな表情で家族に背をむけたまま逆手で手を振り、新生活に突入しました。入居当日より生活リズムは整い、一夜にして他害や破壊行動は皆無となりました。彼らはその後一〇年以上、親元を離れてグループホームで自立的な生活を送り続けています。この人たちが望む生活が実現できている証しなのだと思います。

通所施設での実践を積み重ねる中で、地域社会で生活を続けることは困難だと思われていた重度の障がいのある人たちが、本来持っている力を発揮して活き活きと生活する姿を目の当たりにしてきました。その中でも特に印象に残っている実践をご紹介したいと思います。

成人期を迎えた自閉症者の将来の一考察～身近な家族との別れを支えた経験から～

（社会福祉法人横須賀たんぽぽの郷発行「こっとんあっぷ」Vol.九二掲載）

◆はじめに

地域社会を生活の基盤にしている自閉症者にとって、家族、とりわけ母親の支えは生活を成り立たせる上で重要な役割を担わざるを得ない状況があります。母親の支えを失うことは、自閉症者やその家族が今まで培ってきた生活をも失いかねない危機的な状況に直面します。いわゆる「親なきあと」を考えることは、避けることのできない大きな課題です。それと同時に自閉症者が身近な人の死に直面した場合、伝えなければならないことがあります。それは、身近な人はもう目の前に現れることのない存在になった、ということです。お伝えするだけではなく、その事実を受け止めるための支え、あるいは受け止められないのであれば、自閉症者とともにその事実に寄り添う支えが必要となるでしょう。

ここでは、Nさんとお母さまとのお別れを支援して教えられたこと、そしてNさんを通して考えさせられた成人期を迎えた自閉症者の将来につながる支援について綴って行きたいと思います。

◆Nさんのお母さまが亡くなる

今から数年前、秋の深みを帯びた空気が心地よい一〇月中旬、入院治療をしていたNさんのお母さまがお亡くなりになったと、お父さまから連絡がありました。お母さまは半年ほど前に体調を崩され、手術と入院、そして自宅療養をされていました。

自閉症を伴うNさんはお母さまが亡くなる一〇日ほど前から、お母さまとは別の病院に胃潰瘍のために入院していました。Nさんの胃潰瘍は、お母さまが体調を崩されてから発症しました。お母さまがいない生活で心と体に負荷がかかっていたのかもしれません。

◆ご家族の想い

同居しているお父さまはNさんとの関わりはあまり多くはありませんでした。お兄さまがいますが、週末に実家に戻る程度でNさんと関わることは少なかったそうです。

お父さまは、入院しているNさんにお母さまが亡くなったことをお伝えし、葬儀に参加させたいと心の中では思っていました。しかし、入院しているNさんをお父さまが連れ出し、Nさんを支えながら葬儀を仕切ることは困難です。入院中にお母さまの死を知らされたNさんが病院内で混乱するのではないかという不安がありました。回復傾向にある病状が悪化してしまうのではないかという心配もありました。こうした理由からNさんが退院した時にお母さまが亡くなったことを伝えようと考えていました。理由を考えれば、当然のことだと思います。

◆支援者の願い

日中活動を支える私たちは、Nさんがはじめから終わりまで葬儀に参加し、お母さまが亡くなったことを覆ることのない事実として受け入れる必要があると考えました。支援のアドバイスを受けているアドバイザーの先生からも、葬儀から火葬まで参加することが大切だと助言を頂きました。儀式すべてが終わってからの対面はお母さまの死を理解できない可能性があります。また、葬儀だけでは葬儀場から見送ることになるので、いつかお母さまが帰ってくると思うことがあるとの事でした。ご本人がお別れに納得できないことは、これからの人生にも大きな影響を与えかねません。

こうしたことから、Nさんが葬儀から火葬まで参加することの重要性をお父さまにお話しました。お父さまにはさまざまな不安が交錯していました。しかし、職員が責任を持ってNさんに付き添い、支えることを伝えると納得して受け入れてくださいました。大変な決心だったと思います。

◆事前の準備

Nさんに、お母さまが亡くなったことをお伝えする準備をしなければなりません。Nさんは話し言葉よりも文字の理解に長けています。口頭でお伝えするとともに、お母さまがお亡くなりになったことを伝える文書を用意しました。内容だけではなく雰囲気も伝える必要があると考え、あえて格式ばった文書にすることにしました。そして葬儀の流れを伝える文書を日中活動で使っている予定表と同じ方法で用意しました。

当日、約束の時間にNさんを病院に迎えに行くと、Nさんは外出の準備をすべて整え待っていました。

◆お母さまが亡くなったことをお伝えする

病室から車に移動し、お母さまが亡くなったことを文書でお伝えしました。Nさんは無表情で文章を読み上げました。実感がわかないようすで「はい」とだけ応えました。そして当日の予定をNさんに説明しました。葬儀場で葬式に参加し、火葬場に行く事、その後病院に戻ることを職員と一緒に確認しました。Nさんは、予定をまじまじと見て予定を理解しようとしています。Nさんは、お母さまが亡くなったことよりも、いつ退院できるのかを確認していました。また預かった服薬の管理を自分がしたいこと、いつどこで薬を飲むのかを気にしていました。

◆葬儀場に到着する

外出の手続きに時間がかかり、葬儀場に到着したのは葬儀が始まる一五分前でした。式の前にお母さまと対面をする時間はつくれませんでした。親族の控え室に移動し、予定を確認しながら礼服に淡々と着替えています。式場に移動し、祭壇と母の遺影を目の当たりにしました。会場の雰囲気を察したようすで、先ほどまでみられていた退院や服薬の確認はなくなり、寡黙になりました。Nさんは遺族席、お兄さまの隣に座りました。お兄さまを頼るようにじっと座っています。

◆葬儀に参列して…

Nさんは葬儀中じっと椅子に座り、参列者がお焼香をあげるとお兄さまやご親族とともにお辞儀をして応じていました。葬儀は一時間ほどでした。その間、手をひざに置き、じっと静かに座り、お経に耳を傾けていました。親族による最後の挨拶では、お父さま、お兄さまが前に進み出ると、Nさんも自ら進んで前に出て、お兄さまの隣に立ちました。全く違和感のない、ごく自然な親子の姿がありました。

式が終わり、棺が祭壇から親族席の前に移されました。棺に納められているお母さまと初めて対面。顔を覗き込むように見ています。涙を流すでも嘆くでもなく、ただじっと見つめていました。棺を花で飾る際も、花を一輪一輪ゆっくりとお母さまの顔の横に、そっと静かに置いていきました。お父さまが涙を拭うと、Nさんもハンカチを取り出して涙を拭うそぶりをして会場の涙を誘いました。

出棺では、Nさんは大きな花束を火葬場までもつ役割を担いました。事前に決めた流れでは職員の車で移動する予定でしたが、ご自分から花束を持ち、お父さま、お兄さまとともに自らバスに乗り込みました。

◆火葬場にて

火葬場では、控え室で親子三人がテーブルを囲み、時が来るのを粛々と待っていました。職員が付き添う必要はまったくありませんでした。少し離れた場所から、深い哀しみを受け止める親子を見守ることで充分でした。

約一時間半が経ち、お母さまと対面。変り果てたお母さまの姿を目の当たりにしながらも、お父さま、お兄さまとともに、Nさんはうつむき、黙々と骨壺に納めました。

お父さま、お兄さまはご親族の方々とともにバスで戻って行きました。Nさんは着替えをして、職員と病院に戻る準備をしました。

◆病院に戻る

病院に向かう車の中で、「お母さん、亡くなりました…死にました」とNさんがそっとつぶやきました。無表情で、誰に向かって言うではなく、窓の外を、遠くを眺めるように。お母さまのことを言葉にしたのはこのときが初めてでした。

病院の看護師たちは、Nさんが心乱れて戻ってくるのではないかと心配していました。しかし、淡々としているNさんをみて驚きを隠せません。Nさんは一度だけいつ退院できるのか確認をしました。そしてテレビカードを購入し、入院生活に戻りました。

◆その後

退院したNさんは、お父さまと二人暮らしとなりました。日常生活能力はある程度あったのですが、洗濯物を畳んで片付ける、お父さまの帰りが遅いと一人で電子レンジを使って料理を温めて食べるなど、お母さまがいなくなったことで、今までしなかったことを自ら進んで行うようになったそうです。

施設に通所を再開してから「お母さん、死にました」と職員に確認する事がありました。職員が「そうです」とだけ応えると、静かに活動に戻りました。一週間ほど過ぎると、以前と変らずに黙々と作業を行うNさんの姿がありました。

◆お別れを支えて

私たちは、Nさんがお母さまの死を受け入れることを拒否し、意味がわからず取り乱すのではないか、と考えていました。もしくはいつか帰ってくるのだと思い込むのではなか、と予測していました。しかし、事実を伝え、始めから終わりまで儀式に参加することでNさんなりに受け止めようとしている姿がありました。悲嘆を表出することなく淡々としている印象がありますが、きっと深い悲しみを伴っているのだと思います。伝えること、実体験として参加することの大切さ、私たちが予測できないご本人の力をあらためて知りました。葬儀の後、お父さまから感謝の言葉を頂きました。Nさんが落ち着いて葬儀に参加できたこと、親子でお母さまを見送ることができたことは本当に良かったとおっしゃってくださいました。

Nさんとお母さまのお別れを支え、私たちは自閉症者がコミュニケーションや社会性、そしてイマジネーションの障がいと定義される考えを覆させられるほどの「人間力」を生来備えているのではないかと感じさせられました。

◆自閉症者にとっての身近な人との別れ

Nさんのお母さまとの別れを支えた経験を通して、自閉症者と身近な人との別れ、そしてその後の生活の変化と必要な支援、準備を考えてみたいと思います。

自閉症を伴う人とその家族の死別については、あまり知られてはいません。数少ない研究や事例では、㈠死別を経験した自閉症の人たちが示す反応は多様で、愛着の質の違い、認知障がいの質の違い、知的レベルの違いによって悲嘆過程が異なる。㈡社会全体の高齢化に伴い、両親の死別を経験する人が年々増えると考えられる。死別経験は生活の場所を問わず、深刻な心理的経験を生む可能性がある。㈢多様な反応に対応しうるきめ細やかな援助やサポートの必要性。㈣自閉症の人たちにとって、死別直後は身近な人たちのサポートがとりわけ必要である。また、自閉症の人たちを支えるためにも、残された家族へのサポートも重要である。㊄「親亡き後」の自閉症児・者の長期的実態の把握、サポートシステムの構築と整備における課題の把握にむけて、さらに広範囲の調査研究が必要とされている、といった考察がされています。

そしてなによりも大きな出来事ととして考えなければならないことは、身内の人の死別という喪失と、家庭から施設への入所による住みなれた環境の喪失という二重の喪失を経験しなければならない可能性が大きいということが考えられます。

※自閉症児・者と親しい人たちとの死別の研究は、久保紘章・田淵六郎・野口美加子・五十嵐雅浩・氏田照子・鈴木正子「自閉症児・者にとっての家族と親しい人たちとの死別」『研究助成論文集（33号）』（財）安田生命社会事業団，1997，p.61-69　他にはハウリンの著書『自閉症：成人期に備えて』ぶどう社，2000に４名の具体例や佐藤繭美「自閉症の人が経験した家族との死別―死別経験後のプロセスの検討―」『キリスト教社会福祉学研究36号』日本キリスト教社会福祉学会，2003，p.61-70がある。

◆考えなければならないことは…

成人期を迎えた自閉症者は、ご自身の加齢と社会全体の高齢化に伴い、ご家族や身近な人とお別れを経験する可能性が高くなります。その中で、自閉症者が葬儀中に混乱して騒ぐかもしれないから参加させられない、日常生活のパターンが崩れることに拒否を示し参加できない、という場合があるかもしれません。親類や近隣の人から受け入れられず冷たい目で見られる、ということもあるかもしれません。しかし、いつかは必ず経験しなければならない、大切な人とのお別れ。たとえ混乱したとしても、周りの人たちから冷たい視線を浴びせられたとしても、事実を自分の目で確かめ、その事実とともに人生を歩むことが必要なのではないでしょうか。もちろん、別れを受け入れるプロセスは一人ひとり異なり、深い悲しみを伴います。永遠に受け入れられないこともあるでしょう。一人ひとりに合わせた支えが必要なのだと思います。

Nさんは、お母さまとの別れを経験しながらも、今までと大きく変らない生活を送ることができています。ご本人の能力と今までの生活の積み重ねによるものです。しかし、自閉症者の多くはNさんのような生活を送ることが困難だと予測されます。身近な人との別れという喪失と、支えを失うことで入所施設やグループホームなどに移ることによる住みなれた環境の喪失、さらに準備不足や情報不足により必要な支援を受けられないという二重、三重の喪失を経験しなければならない可能性もあります。

地域社会でその人が培ってきた歩みとともに、その後の生活を支えるしくみや支援の体制を確立しなければならないことがより現実味を帯びて私たちに迫ってきています。ご本人とご家族、支援をする人たちとともに考え、準備をしなければなりません。

身近な人との別れは、その後の生活も含め、総合的に支えることが求められます。自閉症者の地域での生活を支える者の大きな役割になってくるのだと感じさせられています。

◆おわりに

Nさんのお母さまとのお別れを支えられたことは、誰よりもNさんの将来を案じ、日々の生活を支え続けたお母さまに、私たちができるごくわずかな労いと感謝の意の表れでしかありません。お母さまはきっと喜んでくださった、そう想いたいです。これからも、Nさんを一生懸命支えて行きたいと思う次第です。

お母さまのご冥福を、心よりお祈りいたします。

実践を通して励まされたこと

私は実践を通して、知的障がいのある自閉症の人たちが持っている力に励まされてきました。いわゆる「問題行動」によってどこにも行き場がない人を受け入れたことがありました。今まで日常生活に必要な髭剃りや入浴、歯磨きなどを全介助で生活していた人にちょっとした工夫によって一人でできるような取り組みをしてきました。自閉症ゆえの困難さから旅行を楽しむことが難しい人が旅行を楽しめるような支援もしてきました。

こうした実践を通して、どんなに障がいが重くても、社会の一員として期待されること、役割を担うこと、働くこと、地域社会に貢献すること、街に出て暮らしを楽しむこと、これらの大切さを教えてもらいました。

第三節　支援するということ

支援とは何か

知的障がいや自閉症の人との関わりを通して「支援とはなにか」を考えます。「支援する」という行為は、支援する側とされる側の二者以上の関係が前提条件となります。この両者の間には「力の関係」があるのではないでしょうか。

支援者は支援をするか否かを選択できますが、利用者はその状況から自らの意思で脱することができません。支援者には「選択肢」があり、利用者には「選択肢」がないのです。つまり「選択肢」の有無によって両者が対等になることは決してなく「力の関係」が存在すると考えられます。

もう一つ両者の関係を考えてみたいと思います。「利用者」は支援者にとっては義務（職務）を果たすべき「対象」です。支援者は利用者の問題行動など「ネガティブ」な側面に介入せざるを得ません。〝させてはいけない〟という気持ちは「責任」から生じます。〝させてはいけない〟を「管理」する必要もあるでしょう。〝させてはいけない〟を力ずくで「抑圧」しなければならないこともあるかもしれない。〝させてはいけない〟への介入だけではなく支援者のペースで支援することは「支配」になるかもしれません。つまり「支援」と「管理」「抑圧」「支配」は表裏一体であり、このことを支援者は自覚する必要があるのではないでしょうか。

私はより良い支援を実現するためには、㈠「力の関係」を自覚すること㈡利用者のペースに合わせること㈢「よかった」条件を再現することが必要だと考えます。社会福祉における支援は、利用者の生活の良い状況をつかみ、それを再現することだと考えています。支援における主語は「利用者」です。「利用者が○○することを支援者が支える」という視点が利用者主体であり、より良い支援に繋がる一歩なのではないでしょうか。このことを、自閉症者への支援を通して考えさせられてきました。

自閉症や知的障がいのある人が望む人生とは何か

話しが変りますが、実践場面から大学に籍を移して行なった調査で忘れられない出来事があります。大きな入所施設に四〇年間入れられてやっとの思いで施設を出て地域のグループホームで生活している女性の言葉です。施設から地域に出て良かったことは何ですか、という質問に対して「温かいお味噌汁を自分で注いで飲めること」と答えました。また別の男性は自分の意志に反して入所施設に入れられて辛い思いをしたと語りました。これがまだまだ現実なのだと改めて感じました。さて、知的障がいのある人は幸せなのでしょうか。厚生労働省が実施した調査で毎日幸せと感じているダウン症の人は九割を超えているという結果があります。しかし、重度知的障がいのある人への支援の実態は周囲の人が「かわいそう」「一人では何もできない」と決めつけているのではないでしょうか。その結果、自己決定の機会が乏しく、知的障がいのある人が望む生活が奪われているのではないでしょうか。

知的障がいのある人を支援する困難さ

厚生労働省「平成三〇年度都道府県・市町村における障害者虐待事例への対応状況等

（調査結果）」によれば、障害者福祉施設従事者等による障がい者虐待は五九二件が認められています。その被害者の障がい種別（重複障がいあり）は知的障がいが七四・八％と圧倒的に多い結果となっています。また行動障害がある人は三二・三％となっています。事業所種別では障害者支援施設（以下：入所施設）が二三・〇％と発生率が最も高くなっています。この結果は入所施設が虐待を行う悪い施設、ということではありません。重度知的障がい者が集まる入所施設ゆえの支援の困難さを示しているのだと考えられます。重度知的障がい者支援は㈠知的障がいゆえの理解の困難さ、㈡意思表示の困難さ、㈢生涯にわたる支援が必要、が特徴として整理できます。これに自傷や他害、こだわり、異食、飛出しや奇声など「行動障害」への対処も加わります。

知的障がいのある人、特に行動障害を伴う人への支援は容易ではありません。良い支援を心がけていても支援者は強いストレスにさらされます。知的障がいのある人は家庭や地域での生活維持が困難となって本人の意思と無関係に施設入所していることがほとんどです。知的障がいのある人たちの気持ちを想像してみると、住み慣れた家庭や地域から切り離された場所での集団生活を余儀なくされ、いつまで入所施設で暮らすのか、いつになったら帰宅できるのか見通しが持てず不安が高まり更なる行動障害を呈しているのだと思います。それに向き合う支援者は疲弊しています。障がいのある人だけではなく家族や支援者の夢や希望が奪われている現実があるのかもしれません。保護や管理を中心とした後手に回った支援をせざるを得ない状況があり、虐待件数の比率の高さと関連していると考えられます。

知的障がいのある人が望む暮らしを実現するために

知的障がいのある人や自閉症の人への支援を経験して思うことは、どんなに障がいが重たくても、本人を中心とした生活を本人や家族と一緒に組み立て、それを実践しなければならないということです。本人の意思を汲み取ることが困難ならば、よく観察をして客観的な記録を残します。そして記録を分析して本人の状態が良いときの条件を見つけて再現する努力をします。これが本人の意思を汲み取った支援方法の一つなのではないでしょうか。家庭や地域での生活が困難になった場合、入所施設や入院ありきではなく地域生活を選択肢に入れることは本人が望む生活実現のための重要な要素だと考えます。重度知的障がい者が望む生活を組み立てていく支援は、本人も支援者も夢と希望が持てる前向きな実践であり、十分に実現可能であると考えています。

夢と希望が持てる支援

では、本人も支援者も夢と希望が持てる前向きな実践はどのように実現できるのでしょうか。ありきたりのことですが、私は「チーム」で支援することが最も重要だと考えます。私の経験になりますが、行動障がいで生活が破綻しかねない大変な自閉症の人に対する支援を展開するなかで、行き詰まりながらも同僚やご家族と一生懸命知恵を出し合いながら支援方法を考え、少しでも生活が改善した時の喜びをチームで分かちあったときのうれしくて楽しい気持ちは忘れることができません。その一方で些細な問題であってもチームで意見が割れ、足を引っ張り合うことがあった時ほど支援が困難に陥ったと感じた事はありません。チームの構成員が同じ方向を向いて支援を展開できると、支援は楽しく感じるのではないでしょうか。支援者も支援することが楽しくなくては障がいのある人の生活の困難さは解消できないのではないでしょうか。保護や管理などの後手に回る支援ではなく、本人や家族、支援者が協働して望む生活を組み立てていく先手の支援、それをチームで実現することが支援者のやる気となり、メンタルヘルスにも繫がるのだと考えます。

いかに良く生きるのかを考える

自閉症や知的障がいの人との歩みの中から考えさせられたことがあります。「生きる」ということがどのようなことなのか。人生は自らの意志とは無関係に始まり、人生の長さは自分の意志で決められるものではありません。生まれた時代・国・地域・性別・容姿・家庭などは選んだわけではありません。それでも生きなければなりません。

私は「なぜ生きるのか」を問うよりも「いかに良く生きるのか」を問うことが重要なのではないかと知的障がいのある自閉症の人との歩みを通して考えさせられてきました。知的障がいや自閉症があるがゆえに不遇な状況におかれている人がたくさんいることは事実です。誰もが「いかに良く生きるのか」を考えられる社会にしなければならない。生まれてきて良かった、と感じられる社会。これを社会に働きかけることも障がいのある人にかかわる者のミッションなのではないかと考えています。

第四節　社会福祉士の育成に関わって

社会福祉士実習指導者として

先に述べたように、私は自閉症や知的障がいのある人の地域を基盤とした生活支援を実践してきました。その側らで社会福祉士の実習指導者として事業所で実習生を受け入れ、その指導にも携わる機会がありました。支援を必要とする人への支援はもちろんのことながら、社会福祉の実践場面で関心があったのは福祉人材の育成です。ここからは社会福祉士実習指導者としてどのように学生と関わってきたのか整理してみたいと思います。

社会福祉士の実習カリキュラム

社会福祉士になるための国家試験の受験資格を取得するためには、厚生労働省が定めている法令指定科目の単位を、大学や短期大学、専門学校などの養成校を卒業するまでにすべて取得しなければなりません。

法令指定科目の中に「相談援助実習」があります。「相談援助実習」として定められている法令指定施設（関係資料を参照）において一八〇時間以上の現場実習が必須となっています（二〇二〇年現在。二〇二一年カリキュラム改正で二四〇時間に）。

「相談援助実習のねらい」

㈠ 相談援助実習を通して、相談援助に係る知識と技術について具体的かつ実際的に理解し実践的な技術等を体得する。
㈡ 社会福祉士として求められる資質、技能、倫理、自己に求められる課題把握等、総合的に対応できる能力を習得する。
㈢ 関連分野の専門職との連携のあり方及びその具体的内容を実践的に理解する。

注）平成二〇年三月二八日　一九文科高第九一七号、厚生労働省社援発第0328003号「大学等において開講する社会福祉に関する科目の確認に係る指針について」より引用

実習生の受け入れプログラム

社会福祉士の相談援助実習は一八〇時間以上（二〇二一年以降は二四〇時間以上）行うことが定められています。一日あたり八時間の実習時間として換算すると一ヶ月以上になり

ます。この一ヶ月以上の期間をただ漫然と現場に入って「体験」するだけでは社会福祉士の学びとしての意味はありません。実習生と指導者が学びたいことを整理、確認しながら、どの段階でどのような実習を行うことで実習生の目標が達成できるのか実習生受け入れプログラムを作成します。

現在主流となっているのは「職場実習」「職種実習」「ソーシャルワーク実習」の三段階

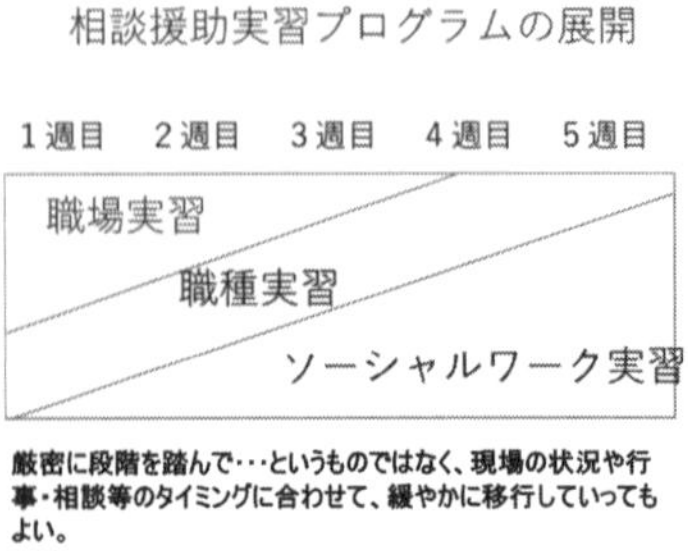

相談援助実習プログラムの展開
1週目　2週目　3週目　4週目　5週目
職場実習
職種実習
ソーシャルワーク実習
厳密に段階を踏んで･･･というものではなく、現場の状況や行事・相談等のタイミングに合わせて、緩やかに移行していってもよい。

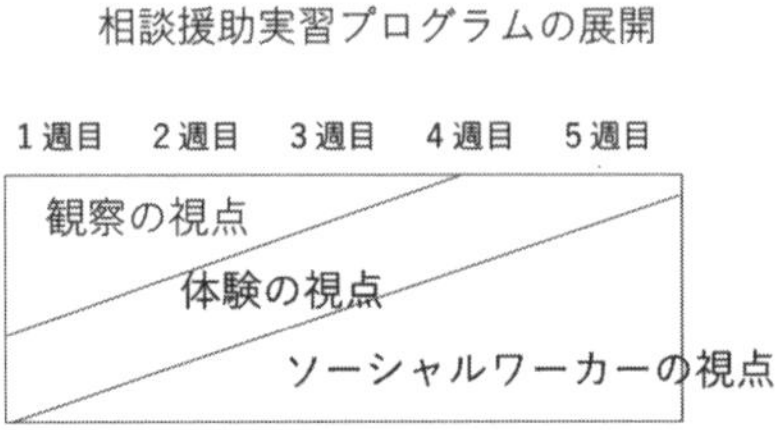

相談援助実習プログラムの展開
1週目　2週目　3週目　4週目　5週目
観察の視点
体験の視点
ソーシャルワーカーの視点

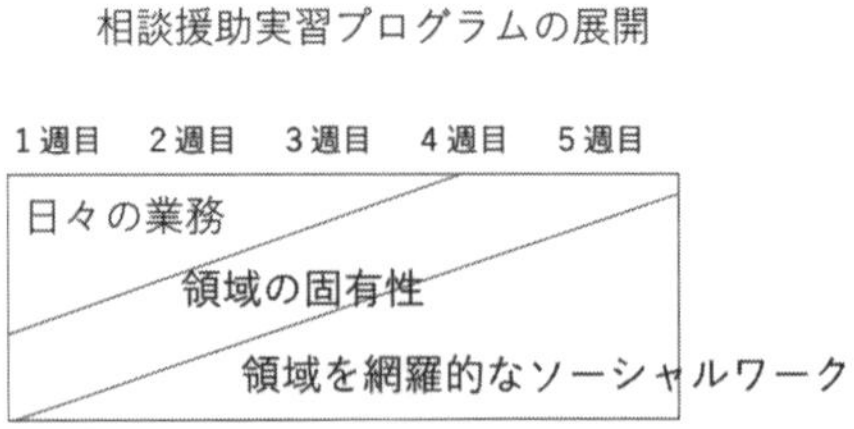

相談援助実習プログラムの展開
1週目　2週目　3週目　4週目　5週目
日々の業務
領域の固有性
領域を網羅的なソーシャルワーク

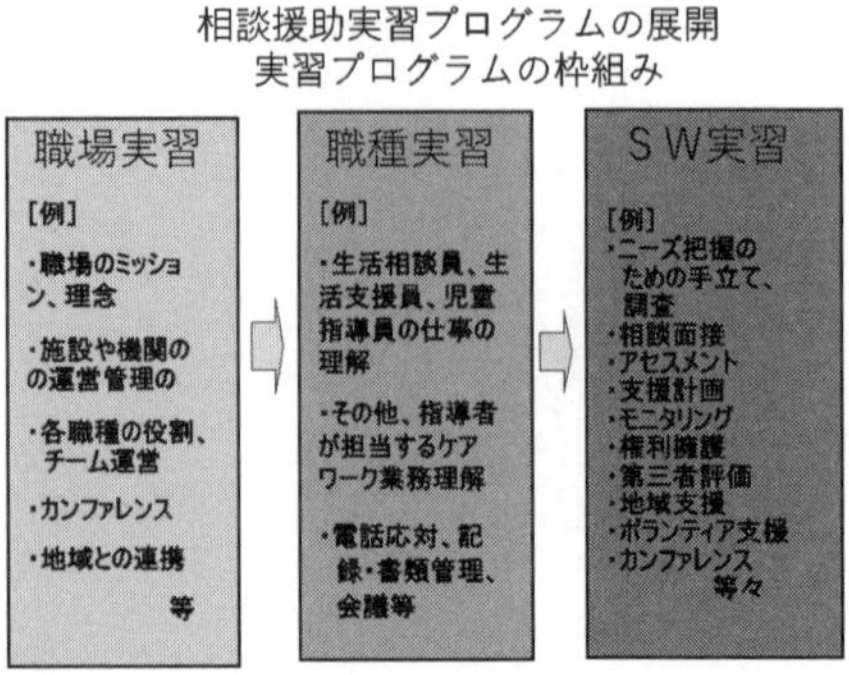

相談援助実習プログラムの展開
実習プログラムの枠組み
職場実習
[例]
・職場のミッション、理念
・施設や機関のの運営管理の
・各職種の役割、チーム運営
・カンファレンス
・地域との連携
等
職種実習
[例]
・生活相談員、生活支援員、児童指導員の仕事の理解
・その他、指導者が担当するケアワーク業務理解
・電話応対、記録・書類管理、会議等
ＳＷ実習
[例]
・ニーズ把握のための手立て、調査
・相談面接
・アセスメント
・支援計画
・モニタリング
・権利擁護
・第三者評価
・地域支援
・ボランティア支援
・カンファレンス
等々

中央法規出版「社会福祉士実習指導者テキスト第２版」より引用

に分けた実習スタイルです。実習初期は社会人として職場を体験する。次の段階では様々な職種を意識した体験をする。そして最終段階はソーシャルワーカーとして専門的な視点を意識して実習をする。この三段階の整理は実習生にとっても実習指導者にとっても、一ヶ月以上に渡る実習期間を有効に使うことができる整理の仕方だと感じます。

私はこの実習プログラムの展開を援用し、「観察の視点」「体験の視点」「ソーシャルワーカーの視点」という「視点」に焦点を当てた実習プログラムを作成してみました。さらに「日々の業務」「領域の固有性」「領域を網羅したソーシャルワーク」といった具体的な職業的な行為の整理も試みました。段階を整理すること、そして視点を整理すること、さらに実践を整理することで実習生と指導者は自分たちがどの位置にいるのかを確認しながら実習を進められると考えます。

実習生を受け入れる大変さ

実践場面において、利用者の支援をしながら実習生を受け入れることは本当に大変なことでした。養成校の多くは七月末から九月の夏休み期間に学生を実習先に送り出します。この期間、実践場面では日々の利用者支援に加え、実習生に対する実習指導が加わります。毎朝の打ち合わせの後、実習生とその日の実習内容と実習目標を確認します。利用者が通所してからは、支援の合間を縫いながら実習生に教え、そして一日の振り返りの時間を設け、実習記録の確認とコメントの記入などを行いました。換算すると一日三時間以上は実習生のために時間を費やすことになります。そうすると日常業務にも影響を及ぼします。支援記録やカンファレンス、支援の準備など日々の業務が思うように進みません。

社会福祉士実習の経験がない同僚や社会福祉士実習の意義を理解していない同僚からは「ここに就職するわけでもない実習生をなぜ受け入れるのか」「よけいな仕事ばかり増やして…」と非難されることもしばしばです。組織として実習生を受け入れる基盤がなければ実習指導者は組織内で孤立してしまいます。ではなぜ、これほど大変な思いをしてまで実践場面で実習生を受け入れるのでしょうか。

実習生に期待すること

実習指導者は社会福祉の門を叩いた実習生に、将来この仕事に就いてほしいという願いを持っています。そのために実習生を受け入れていると言っても過言ではありません。社会福祉実践の魅力を知ってもらい、私たちの仲間に加わってほしい。私自身、社会福祉教育に携わるものとして、この気持ちを常に持ち続けています。

実習指導者として学生に関わっていると十人十色、いろいろな「実習生」に出会います。

本気で社会福祉の道を志している学生、社会福祉の道に進むのか迷っている学生、そして、とりあえず社会福祉士という国家資格だけがほしい学生。実習指導者としてショックを受けたこともありました。一ヶ月以上の実習期間、私も同僚も、そして利用者も、実習生に社会福祉実践のやりがいや魅力を伝えるべく事業所をあげて受け入れました。ところが最終日の振り返りで実習生が発した言葉は「私ははじめから福祉の道に進もうと考えていませんでした。将来はディズニーランドで働きます！」こう断言して去って行きました。私たちとしては一ヶ月以上の間、本当に大変な思いをして実習生を受け入れたのに…とても残念で悔しい気持ちになりました。このことが事業所内で問題となりました。実習生の受け入れに際して、実習生のやる気に応じて「手厚い実習プログラム」「標準的な実習プログラム」「手抜きの実習プログラム」などを用意してみてはどうか、そのような意見が挙がりました。しかし私たちは、どんな実習生が配属されたとしても、できるかぎりの実習指導を行こうという結論に達しました。

社会福祉士実習指導者として社会福祉の道に進むかどうかわからない学生は、正直手を抜きたいと思うことがあります。当たり障りのない実習で流してしまうことは可能なのです。しかし、ソーシャルワーカーとして、利用者の無限の可能性を信じることを実践するならば、実習生に対しても信じて待つことが重要だと判断しました。どのような学生が来ても、手を抜かないことを心がけたことを思い出します。

その一方で、実習生には次のことも伝える必要があると考えています。それは、実習指導者の価値観、経験、力量などによって実習の質が異なるということです。実習指導者の課題は、指導者自身の仕事を整理し、言語化し、後継者に伝える姿勢を持つことだと考えます。

実習で学生に伝えたいこと

社会福祉実習は、利用者と支援者がどのように関わっているのかを知るだけのものではありません。実習生は支援技術が身についていなかったとしても、積極的に利用者支援に関わっていくべきであると私は実習指導を通して考えさせられました。利用者への関わりを通して、支援者としての自分自身が鏡のように映し出されると感じさせられるからです。利用者とコミュニケーションがうまく取れずにその場から逃げ出したい気持ちになる、知的障がいや自閉症の人、あるいは認知症の人が取る行動に恐怖心を抱く、利用者から何かを求められているがそれに応えることができない、てんかん発作やパニックなど今まで遭遇したことがない状況に置かれるなど、利用者と向き合って感じる「気持ち」は相手から与えられたものではなく、相手を通して自分自身と向き合っていることに他なりません。

その時の自分と向き合った時に、支援者として自分自身がどうあるべきかを考えることが実習で大事な経験なのだと思います。自分自身と向き合い、自分自身と対話をしながら気持ちを言語化する。この経験がいわゆる「自己覚知」に繋がるのだと思います。

実践場面で利用者と関わっていると、利用者と自分の価値観にギャップがあることに気づきます。「もし私だったら」が通用しない場面がたくさんあります。それは利用者の特性（知的障がい・自閉症・発達障がい・精神障がい・重症心身障がい・被虐待児・認知症・ゴミ屋敷住民・引きこもり・DV被害者・生活困窮者）や利用者が暮らしている地域の特性などによって引き起こされることかもしれません。利用者や利用者を取り巻く環境を人間科学、社会科学の視点から考察する必要があるのだと考えています。

社会福祉実践は、人と人との相互作用によって成立すると言っても過言ではありません。個別支援計画やケアプランなどに基づいた支援マニュアルがあったとしても、具体的な支援は個別性が高く、マニュアル化が不可能な場面も当然あります。状況によっては、利用者と関わる実習生がその時その場で判断しなければならないことがあるかもしれません。このときの判断は時に「ルール」や「実習生としてのふるまい」を超越することになるかもしれません。社会福祉実践は臨機応変な対応が求められます。このことも実習を通して学んでほしいと思っています。ただし重要なことは、実習生が一人で抱え込むのではなく、情報を共有し、一緒に考えてくれる仲間を増やすことです。可能な限りチームで考える術も身につけてほしいと思います。

実習指導者として意識したこと

実習指導者として実習生と関わりで意識してきたことを整理してみたいと思います。

㈠基礎知識は丁寧に教える

実習生は実習に臨むにあたり、事前準備として「実習計画書」「実習で学びたいこと」などを作成してきます。実習の事前準備では、実習配属先機関や施設の法的根拠、社会的な役割、利用者や支援対象者の特性、実習配属先の地域特性、その他実習先に関する様々な情報を集め、実習生なりに目標をたててきます。しかし実習指導者からすると、的を得た事前学習ができている学生はごくわずかであったと感じています。実習生は実習生なりに一生懸命事前学習をしたことが伺えます。ただ、事前学習をしたとしても、どこか教科書的であり、オリジナリティが乏しい印象があるのです。ほとんどの実習生の学びたいことは「地域との連携」「利用者への関わり方」などです。つまり、養成校での事前学習と実践場面の実態が噛み合っていないのだと思います。実習で大事なことは、事前学習の成果を礎に実践場面で実習を行い、ある一定の段階で事前学習と実践場面と照らし合わせ、そこから新しい目標を立てられるかどうかなのだと思います。ここでの実習指導者の役割は、実践場面での基礎知識を丁寧に伝えた上で、実習生自らが事前学習に立ち返り、何を一番学びたいのか考えるきっかけを作ることだと思います。

(二)気づきを助ける

基礎知識はしっかりと伝え、その一方で何でも初めから実習生に教えすぎないことが重要だと実習指導を通して考えさせられました。社会福祉実践の特徴として、支援方法や利用者理解について支援者の主観や偏りが生じることが多々あります。支援者の主観的な判断が実習生に先入観を与え、実習生自身が考える力を奪ってしまうこともあるのだと思います。初めから教えすぎず、気づきまで待つ姿勢が実習指導者には求められると考えます。また、実習生が誤った解釈や理解をしていることも実習場面ではみられがちです。しかし、実習生の考えや理解を誤りと即座に否定するのではなく、なぜそのように理解したのか一緒に考える必要があると思います。

㊂実習生の「声」に耳を傾ける

実践場面で実習生を受け入れる意義は、後継者の育成と同時に、私たちの実践が第三者から見てどのように映るのかを知り、実践の検証につなげてより良い支援を目指すところにあると思います。支援者は実践場面において自分の支援が良い支援だと独善的になってしまうことが多々あります。また、社会福祉の実践場面は、社会一般から見ると特殊な環境も多々あり、そこに埋没してしまうことも見受けられます。社会一般の感覚からすると疑問に思うことも、感覚がマヒをして疑問にすら思うことがなくなるからだと思います。実習生は「まっさら」な気持ちで実習に臨んできます。実践場面で実習生が発する率直な声には様々な含みがあり、第三者的な評価の要素も多分にあります。時に、実習生の声は支援者からすれば専門性の欠如であり経験の不足からであることも推測できることもあります。そうだとしても、実習生の素直な声であり、間違っているとは言い切れない事実があると思います。一つの視点が正しいのではなく、多角的に物事を見る視点が支援者にも必要なのです。いろいろな視点から支援をみつめることが利用者にとって良い支援につながると思います。実習生の「声」には利用者へのより良い支援につながる要素があると考えます。

実習生と関わっていると、明らかに「失敗する」計画を立ててくることがあります。また、対応が難しい利用者への支援を、実習生が支援対象者に選定することがあります。失敗する可能性が高い、あるいは関係性を築くことが難しい利用者を選定したとしても、実習生の「声」を大事にしながら一緒に考えることが大切だと思います。なぜならば、失敗するリスクが高くても、成功する可能性も必ずあるからです。社会福祉の実践場面での人と人との関わりには模範解答があるわけではありません。あるのは人と人との相互作用を通してどのような結果になるのかわからない、だとすれば、より良い状況になった結果を分析し、その条件を再現することが社会福祉実践の特徴なのだと思います。

実習生の声を尊重し、それが奇抜であったり突拍子もなかったりしたとしても、結果的にうまく行くのであれば、その要因を新しい根拠として、今後の支援に活かしていけば良いと思います。専門性を身につけた支援者にはできないことが実習生にはできるかもしれません。

㈣実習生と実習指導者の関係性を意識する

実習指導者は実習生との間には「力の関係」があることを理解する必要があります。実習指導者は熱意を持って実習生を受け入れます。熱意が高じて視野が狭くなってしまうと、自分は良い指導をしていると思い込んでしまうことがあります。実習指導者は一定の経験を有する専門職と言っても過言ではありません。専門的な技術と知識を実習生に伝えられる優位な立場です。実習生と実習指導者の間には、その関係性の成り立ちから、見えない力の優劣が存在します。しかし、この「力の関係」があること自体、頭の片隅から抜け落ちてしまうことがあります。

私自身、実習指導者と大学教員の両者を経験しました。私が大学に着任したとき、実習指導者として関わった学生がいました。私が働いていた事業所に実習に来た学生です。私は熱意をもって実習指導をしたので学生はきっと充実した実習ができて満足しているだろうと思い込んでいました。大学に着任したとき、その学生に「いい実習指導だった」と言わせたいばかりに、「どんな実習だった?」と尋ねました。すると「正直、きびしかったです…」とその学生は答えました。私自身、学生を否定せず、ありのままを受け入れ、良いところを伸ばしたつもりでした。実習中に厳しい指摘をしたことはありません。注意したつもりもありませんでした。それでも学生からすれば「きびしかった」のです。なぜきびしいと感じたのか。「実習中はどんなに優しく教えてもらっても、実習させてもらっている立場として逃げ場がなかった、それが『きびしかった』です」とその学生は教えてくれました。

実習生の声をどれたけ大切にしようとしても、実習生が「本音」を言えない立場であることを実習指導者は十分に理解した上で実習指導を行わなければなりません。実習指導者として実習生の本当の気持ちを汲み取る努力をする必要があります。

実践場面では、支援者間の人間関係が利用者支援に大きな影響を与えることがあります。実習指導者としてあえて支援者間の「温度差」を見せる必要があると思います。なぜならば、支援者にも様々なライフストーリーがあり、その延長線上で支援が成立しているからです。社会福祉を専門的に学んだ人、そうではない人、性別や年齢、経験年数、持っているスキルなどによって一人一人の支援者も個性が豊かです。支援者の個性を見抜きながらより良い支援につなぐために何が必要なのか考えることも、実践場面における実習でしか体得できないことだと思います。

実習にともなう実習生と実習指導者の変化

実習生を受け入れてよかったと実感するのは、実習生の成長を目の当たりにできることだと思います。実習生の成長が周囲に当たえる影響を考えてみたいと思います。

㈠実習生の変化

ほとんどの実習生は、事前学習で立ててくる「実習計画書」と現実の間には隔たりがあると先に述べました。しかし、実習を進めていくと、その隔たりが徐々に埋まっていく様子が伝わってきます。実習体験を通して支援者としての視点を体得してきた証だと思います。そして実習が終わるころにはこの隔たりがほとんど見られなくなります。事前に立てた「実習計画書」も具体性を伴った学びへと変化しています。この変化こそが、実習指導者としてやりがいを感じる一つの要素だと思います。

ソーシャルワークへの関心の変化も見られます。私が属していた事業所は、重度の知的障がいのある自閉症の人たちを支援対象者としていました。直接的なケアを必要とする利用者も多数います。実習生からすると、ケア的要素や日中活動の準備など、ソーシャルワーク実習といいながらも、ソーシャルワークなのかそうではなくケアワークなのかわからなくなることがありました。ここで大切なことは、実習指導者が利用者への支援一つ一つにどのような意味があるのか、根拠を示しながら伝えることだと思います。根拠を示しつつ実践場面で利用者と関わるなかで、実習生が事前指導や養成校で学んだ「ソーシャルワーク」が肉付けされて厚みを帯びていくことを実習指導者として目の当たりにすることがありました。抽象的で一言で表しにくいソーシャルワークを、実習生が自分の言葉で説明する姿には、毎回感心させられます。

(二)指導者・支援者の変化

実習生を受け入れることで、実習指導者や他の支援者も変化することを体感してきました。一つは、日々の実践の中で「ソーシャルワーク」を意識するようになったことが挙げられます。重度の知的障がいがある自閉症の人への日々の支援は、ケアワークが中心となっているように見えることがあります。しかし、日々の支援を俯瞰すると、利用者へのケアワークだと思い込んで実践していることも実はソーシャルワークであることが見えてきます。実習生への実習指導を通して、自分たちの実践を俯瞰的に捉え、ソーシャルワークの側面が抽出される。そのことによって実践している実習指導者、また支援者の支援に対する捉え方も変化していく様子を目の当たりにしてきました。実習生にはケアワークではなくソーシャルワークを伝えることが社会福祉士の実習では求められます。つまり、ケアワークを通してソーシャルワークを言語化することが、実習指導者や支援者には求められます。そのために実習指導者や支援者は自身の実践を絶えず見直し、分析することにあります。この行為自体に大きな意味があり、実習生への実習指導が一躍を買っていると考えられます。

そして実習生を受け入れることによって、より良い支援を意識することにもなります。実習生は澄んだ目で実習に臨みます。実習生の前で下手な支援はできません。実習生の存在は、支援者が良い支援をより意識する存在にもなり得ると考えます。

はじめは実習生の存在を疎ましいと思った支援者がいたとしても、実習生の変化、そして支援者が変化することで、両者が達成感を分かち合うことも大きな変化だと思います。実習初日とは明らかに顔つきが異なる実習生。その変化を目の当たりにしてきた実習指導者。この変化があるから、実習指導は大変ではあるけれど、やりがいがあり、社会福祉の実践場面では必要なことなのだと考えさせられます。

第五節　実践と教育を通して考えた社会福祉

社会福祉を考える

最後に、社会福祉実践と社会福祉教育で考えたことをまとめてみたいと思います。「心はあたたかく、されど頭は冷やかに」。大学を卒業し、就職を決めた時に阿部先生からいただいたこの言葉を大切にしてきました。また、「手を出さず目を離さず」という言葉かけもいただきました。この言葉から私の実践が始まりました。ではこの言葉から私自身がどのように社会福祉を考えてきたのか述べてみたいと思います。

社会福祉とは〝Ｌｉｆｅ〟を支えること

社会福祉のキーワードは何でしょうか。私が働いている神奈川県立保健福祉大学は、保健福祉学部の中に看護学科、栄養学科、リハビリテーション学科、そして社会福祉学科の四つの学科で保健福祉学部を構成する一学部四学科の小さな大学です。初代学長の阿部志郎先生が掲げた「ヒューマンサービスの実現」を建学の精神として、保健・医療・福祉の専門職を養成する大学です。看護・栄養・リハビリテーションそれぞれの専門職のキーワードを挙げるならば、「健康」「食」「回復」となるでしょう。では、社会福祉は何でしょうか。私は「生活」だと考えています。英語だと「ＬＩＦＥ」。私は日本語の「生活」よりも「ＬＩＦＥ」の方が社会福祉にしっくりすると感じています。「ＬＩＦＥ」には様々な意味があります。日々の「生活」だけではなく「命」であり「人生」でもある。「ＬＩＦＥ」に関わる社会福祉の対象は命そのものであり、人生でもある、そのように捉えることができると考えています。つまり「生きる」ということに関わることが社会福祉なのだと思います。

社会福祉の専門性とは

では、社会福祉とは何でしょうか。社会の福祉を実現すること、つまり「社会」に「幸せ」をもたらすことなのではないでしょうか。しかし、社会福祉実践に身を置いてみると、支援を必要とする人や地域の「問題解決」「課題解決」であることが多々あります。

昨今の社会福祉に関連する出来事を眺めてみても、児童虐待、見えない貧困、少子高齢化、八〇五〇問題、ひきこもり、認知症、独居高齢者の増加、孤立死、障がいの重度化など「問題」や「課題」など挙げれば切りがありません。これらの社会福祉実践を通して実感することは、問題解決を求めることは必要ではあるけれど、問題解決一点張りでは誰も幸せにならないのではないか、ということです。つまり、社会福祉の支援は「問題解決」ではないのかもしれません。

では、どうしたら社会の幸せを実現できるのでしょうか。支援を必要とする人の「問題」や「課題」は具体的で明確です。誰かが困っていることもあり、目に留まりやすく焦点化されるのだと思います。しかし、支援を必要とする人の「良い時」はどうでしょうか。良い状態の時には「問題」がなく、誰かが困っているわけではないので介入することもなくスルーされます。実践場面でも良い時の記録のほとんどは「特記なし」「落ち着いていた」「問題なし」なのです。しかし「生活」に関わる社会福祉の支援で重要なのは、問題に焦点をあてて問題を解決することよりも、「良い時」に焦点をあてて、その時の条件を掴み、それを再現できるか、なのではないかと考えます。それが「生活支援」であり社会福祉の根幹なのだと思います。

「ソーシャルワークはａｒｔです」

大学を卒業する時、大学のゼミの先生に「ソーシャルワークとは何か」と質問したことを覚えています。その時ゼミの先生が「ソーシャルワークはａｒｔです」と即答したことを覚えています。私にはこの意味がよくわかりませんでした。

後で調べてみたところ、ソーシャルワークをａｒｔと表現したのは一九三〇年代、マッキバーという社会学者であることがわかりました。その後もソーシャルワークが議論されるなか、バワーズという人は『ソーシャルワークの本質と定義』（一九四七）において「個別援助技術は、利用者とその環境の全体またはその一部との間に、よりよい適応をもたらすのに役立つような個人の内的な力及び社会の資源を動員するために、人間関係についての科学的な知識と対人関係における機能を活用する技術（アート）である」と論じています。またサイポーリンという人は「ソーシャルワークは、社会制度であり、対人サービス専門職であり、実践については技術的科学的ａｒｔである」と述べています。

私の中で、ソーシャルワークがａｒｔであるという言葉は、ソーシャルワークとは何かという問いからずっと心に引っかかるものがありました。一体どのような意味があるのだろうか。知的障がいのある自閉症の人との関わりを通して考えてみました。

ａｒｔを英英辞典で引くと次のように説明されています。

【Art】

1. The making or expression of what is beautiful, e.g. in music,literature,or esp. painting
2. Things produced by art, esp. painting and sculpture
3. Skill in the making or doing of anything（=needs great skill)

一．は芸術、二．芸術作品　三．スキルを超えた何か、と解釈できます。ソーシャルワークにおけるａｒｔは三．を指しているのでしょう。では、〝Skill in the making or doing of anything〟とは具体的にどのようなことなのでしょうか。

社会福祉実践における援助技術はソーシャルワークの方法として体系化されています。私が勤めている大学ではソーシャルワークを四年間かけて、座学や演習、そして実習を通して学びます。ソーシャルワークは社会福祉の支援を必要としている人と信頼関係を築き、その人が本来持っている力を引き出し、その人自らが困難さから脱却することを支援するための技術です。人と関わるうえでは様々な技法なども用います。それは社会福祉の技術、つまりスキルと捉えることができるでしょう。ではこの技術（スキル）があれば社会福祉の支援を必要とする人を支援することができるのでしょうか。私はそれだけでは不十分だと考えています。不十分というよりも、技術（スキル）よりも大切なものがあると考えています。それは、目の前の人に向き合う姿勢、つまり「心」を込めてその人に向き合うことができるかどうかなのだと思います。先に述べたように、社会福祉の支援を必要としている人は様々な人がいます。価値観も多種多様です。その人と向き合うためにも、技術だけではなく、その人と素直に向き合う「心」が必要なのではないかと思います。「心のこもった」技術が「ａｒｔ」なのではないかと考えます。

心はあたたかく、されど頭は冷ややかに

私が実践現場で関わってきた自閉症の人たちへの支援は技術（スキル）的な工夫が求められます。自閉症の人たちは言葉の理解よりも絵や写真などの視覚的な情報理解が長けています。目で見てわかる方法を使って自閉症の人たちとコミュニケーションをとり、必要な情報を伝えます。視覚的なツールを介したやり取りは、今では自閉症の人たちへの支援では欠かさない技術です。しかし、この技術は使い方によっては、自閉症の人の行動をコ

ントロールしてしまうことにもなりかねません。自閉症の人が何を必要としているのか、何を望んでいるのか、あるいはどこでどのように困っているのかを考えずに、支援者の思い通りに一方的な視覚的な情報提供をすることで自閉症の人の意志を無視して支援者の思い通りに行動させてしまうという使い方もできてしまいます。技術の悪用といっても過言ではありません。技術を使う上で必要なことは、相手を何よりも大切に考える「心」なのです。「心」のない技術は支援者の独善をもたらし、支援とはかけ離れた管理や抑圧、そして支配に陥るリスクを孕んでいると思います。

その一方、「優しい気持ち」や「助けたい思い」だけでは自閉症の人に困難な状況を作ることがあります。「優しい」関わりは遠回しの表現になりやすく、自閉症の人に伝わらない伝え方になることがほとんどです。自閉症の人は具体的で短い言葉かけを好みます。ドライで冷たい対応のように見える関わりを好む人が多くいます。しかしその背景には自閉症の特徴があるのです。抽象的で曖昧な表現が苦手で、具体的で白黒はっきりしている表現理解が長けているという特性があります。この特性を知らずして優しさだけで関わると自閉症の人の多くは混乱してしまいます。自閉症の人と上手に関わるためには「自閉症」の特性を頭で理解する必要があります。特性を理解し、その人を想い、たとえ冷たく見える対応をしなければならなかったとしても「心を込めて」関わること。それが「ソーシャルワークはａｒｔである」ということであり「心のこもった技術」だと思います。

阿部先生から頂いた「心はあたたかく、されど頭は冷ややかに」という言葉にもそのような意味があると考えます。冷静で客観的で科学的な視点を持ちつつ、相手の気持ちに共感する。一見すると矛盾しているように捉えられるかもしれませんが、「ソーシャルワークはａｒｔである」という言葉と同じ意味があるのではないでしょうか。「心はあたたかく、されど頭は冷ややかに」と「ソーシャルワークはａｒｔである」。この二つの言葉が自閉症者を支える社会福祉実践を通して私の中で結びつきました。

福祉の哲学の大切さ

阿部志郎先生との出会い、学生時代に経験したこと、実践場面で経験したこと、実習指導者として考えてきたこと、そして大学教員になって考えていることを書いてきました。社会福祉に携わる者として大切なことは何か、今でも問い続けています。その中で自分なりの答えがあります。それは、社会福祉の実践者として大切にするべきこと、身につけなければならないことは、面接技法や制度を使いこなすことではありません。生きるうえで何かしらの困難さを感じている人々が感じている困難やつらい気持ちに近づく努力、そしてその人とともに幸せになりたいという気持ちを持つことなのだと思います。つまり社会福祉の固有の専門性は、技術（スキル）や知識よりも、人に向き合う姿勢が大切なのだと考えます。人に対する向き合い方、考え方は方法論ではなく、「生きる」ということを考える「哲学」そのものであり、「福祉の哲学」に社会福祉の専門性が宿っていると考えます。

私たちは阿部志郎先生から多くのことを学んでいます。阿部志郎先生が語る福祉はその核となる「福祉の哲学」です。福祉の哲学が、私たちの社会福祉実践を支え、社会福祉の支援を必要とする人、そして社会全体の幸せの実現に必要不可欠なのだと考えています。福祉の哲学をともに学び、共有し、そしてより良い社会福祉の実践を目指す仲間をこの社会のなかで増やして行きたい、その実現が今の私の役割だと思っています。

第四章

学びと実践のチャレンジ—私が歩んだ福祉の道—

四国学院大学名誉教授　村田哲康

第一節　福祉への道

福祉の道を歩むきっかけになったのは、高校時代日本基督教団鳥取教会で洗礼を受け、信仰生活を通して召命感を与えられたからです。今にして思えば、神の恩寵と摂理によるものだと感謝しています。

この教会は一八九〇年に創立され、既に一三〇年に亘る宣教の歩みをなしてきています。歴史的に見ると多くの「人物」を輩出しています。鳥取孤児院を創立し、鳥取県の児童福祉の先駆けとなった尾崎信太郎。戦後、初代国連大使になった沢田廉三。「知的障がい児の父」と称され、近江学園の創立者である糸賀一雄。「故郷」など、数多くの童謡唱歌を作曲した岡野貞一。現在の大阪音楽大学創立者の永井幸次。近年では国会議員として、元自民党幹事長や防衛大臣等の要職を歴任し、論客として活躍中の石破茂等々。

母は青春時代この鳥取教会で洗礼を受け、クリスチャンとして生活していました。私達兄妹はその影響もあって、附属幼稚園に通いました。

そして、小学校三年から六年生まで教会学校に通い、幼い時からキリスト教のバックグラウンドによって養われてきました。

特に小学生時代から共に教会学校で親しく交わった二人の友人の存在は、その後の歩みの励みとなり、力となりました。

それぞれに進んだ高校は違いますが、三人とも教会活動にのめり込み、高校時代を共に過ごしました。

のちにひとりは牧師となり、もうひとりは警察官となりました。

進路について悩んでいた私に、ある人が歩むべき「道」を指し示して下さいました。

鳥取教会に講演で訪れた聖隷福祉事業団の長谷川保先生です。先生は、聖隷福祉事業団の創立者であり、戦後の社会福祉の礎を築いてこられた方です。私は先生の講演を聞いて、自分の進むべき道はこれだと決心することが出来ました。

この講演会に同行されたのが、長谷川先生とは「同士」と言われた間柄の岡山博愛会理事長であった更井良夫先生でした。更井先生は、香川県善通寺市にある四国学院の評議員もされていましたから、進路を決めかねていた私のことを心配して、四国学院の入試状況を確認して下さいました。二週間後に第二次試験があることが分かり、受験し、無事文学部社会福祉科に入学を果たすことが出来ました。

当時、西日本では唯一、社会福祉を学べる四年制の大学で、学生数は八百人足らずでした。

設備もまだ十分整っていませんでしたが、広々としたキャンパスでは教員と学生たちが楽しそうに語らう様子がよく見かけられました。

先生と学生の距離が非常に近く、良き交じわりによって親身な指導がなされていました。西脇先生は、四国学院大学の社会福祉学科創設に学科長として尽力され、セツルメント研究と実践に力を注がれました。

英国のソーシャルポリシー研究並びに我が国の社会福祉学理論研究を、精力的に取り組み多くの専門書を著された岡田藤太郎先生。

ノーマリゼーション理論研究の第一人者であり、臨床心理治療の実践家としても多大な功績を残され、秀逸な著作の数々を遺された中園康夫先生。

部落問題のエキスパートとして、社会調査の授業の一環で、高松市及び小豆島の同和地区実態調査を手掛け、指導して下さった吉田卓司先生。

学内の教員ではありませんでしたが、横須賀基督教社会館館長として、長年福祉の現場で理論と実践を構築してこられた阿部志郎先生は私にとって特別な存在です。特に大学の卒業論文の作成では、キリスト教社会福祉事業の本質的理解を著作や論文を通して学び、今まで以上に福祉を志す者として新たな希望を見出すことが出来ました。

今から思えば、どの先生方からも良きご指導を受けながら、学問に勤しむことの大切さを教えて頂きました。

第二節　フィリピンへの留学

大学生活も三年が過ぎようとしていた時、フィリピンのマニラで開催された国際社会福祉会議に出席され、帰国したばかりの恩師・岡田藤太郎先生のお導きよってフィリピン留学の機会が与えられました。

そのいきさつですが、会議に出席された岡田先生は、レセプションの席でひとりの大学関係者フィリピン女子大学大学院社会事業学校のディレクター、ドクター・アラマンゾーと面識を持たれました。

その当時、フィリピンでの対日感情は決して良くなかったのですが、ドクター・アラマンゾーは岡田先生に、「今後双方の大学間で交流していきたいので、まず日本から留学生を送ってほしい。若い人が交流することに意味がある」と要請されたそうです。

語学が苦手な私でしたが、社会福祉学科の先生方のバックアップもあり、チャレンジを決断致しました。

フィリピン留学は、私にとって一大決心でしたが、卒業後に渡航手続きをしていた時、フィリピンで戒厳令が敷かれ、一年半ほど待たされました。

全ての手続きが完了し、ようやく海を渡ることができたのは一九七三年でした。

その間、結婚し、妻と二人でアルバイトをしながら渡航費用をため、私は留学ビザ、妻は観光ビザを取得し共にフィリピンへ向かいました。

大学生活

勇んで渡ったフィリピンですが、いきなり大きな壁にぶち当たりました。「日本の大学で取得した単位数では大学院への入学は認められない」と、フィリピンの文部省から指摘がありました。

五科目の専門科目を学部で履修しなければ大学院に進めないと言うのです。

ちょうど夏休み期間中でしたので、先生方から図書館で勉強したり、学生達と交流しなさいと勧められました。

フィリピン滞在中どこに住むかも大きな問題でした。日本を出発する前、しばらくはマニラのＹＭＣＡに滞在する手続きをしていました。

しかし、ここでも人との「交わり」が思いがけない幸運を引き寄せてくれました。妻の遠い親戚にアメリカン・プレジデント・ラインという大きな船会社に勤めている方が神戸にいて、親しくしているマニラに住む同僚を紹介してくださいました。

空港にはその方の娘さん夫婦が出迎えてくれました。

ご主人は眼科・耳鼻咽喉科のドクター、奥様は医療検査技師、ロータリアンでした。空港に出迎えて下さったマニラＹＭＣＡ総主事のシソン氏とドクター・カプコの話し合いの結果、カプコ家でお世話になることになりました。

いよいよ、フィリピンでの生活が始まりました。

ホームステイ先から大学まではバスまたはジプニーというフィリピン版の乗り合いタクシーで一時間ほど。日中は八時半から始まる学部の講義を履修し、五時から夜の九時までは大学院の授業を受けることになりました。

毎日がこの繰り返しでした。

フィールド・オブザベーション、フィールド・エクスペリエンス、フィールドワーク等、すべてレポートの提出が求められ、記録の作成に追われる日々でした。

夜の大学院の授業はアメリカンスタイルですから、先生がまずレクチャーを行い、それを基にディスカッション、そして授業の終わりにはアサインメント・レポートの提出が求められました。

毎日の睡眠時間は三時間ほど。そうでなければついて行けませんでした。しかし、授業は一回も休むことなく、レポートを提出しなかったことは一度もありませんでした。

学業に懸命に取り組んでいるなかでも、教会生活を大切にしていました。

マニラ日本人教会で毎週礼拝をささげ、異国に住む日本人同士の「交わり」を深めました。その交わりの中に、キリスト教を宣教するための短波放送、『極東放送』（FEBC）で電波伝道をしている日本人ご夫妻がいらっしゃいました。

放送を休めないため、「長年日本にも帰れていない」とのこと。私の妻に「ぜひ手伝ってほしい」と言われました。

集中的にトレーニングを受けた後、妻は極東放送のジャパニーズ・セクションのスタッフとして受け入れられ、宣教師の資格が与えられ観光ビザから宣教師ビザへの変更がなされました。

私たちは極東放送のミッショナリーハウスに移り住みました。マニラの隣に位置するブラカン州というところです。

曲がりなりにもフィリピンでの学びを完遂できたのは、妻の献身的な支えがあってのことです。

現場で学ぶ

私がフィリピンに入って最も関心を抱いたのが「大衆の貧困問題」でした。

経済学者として著名なガルブレイスは、近代的な貧困は大きく二つに分類されていると述べています。

一つは「個人的貧困」で特殊な性質を有しており、極端な多産、不十分な教育、不健康、経済生活の規律に適応出来ないこと等、いくつかを同時に持っていることが特徴的である。

二つ目は「島の貧困」で、島の人々はその環境の犠牲になっている。その典型はスラムの地域である。

マニラ湾沿岸に『トンド』という東南アジア最大規模のスラム街がありました。

是非入り込んで、実態を見聞したかった私は、周りからは「危険だから絶対に行ってはいけない」と、くぎを刺されていましたが、それでもあきらめることが出来ず、個人的に密かに出入りしました。

そこで知り合ったのが、この地区を担当しているカトリックの司祭で総責任者の方でした。「身の安全」を確保して下さり、時間的に余裕があれば出向いてボランティアをしたり、住民たちとの交流の機会を持ちました。

先生方やクラスメイト、ホストファミリーにも驚かれましたが、私はそこで改めて現場で学ぶことの大切さを知ることが出来ました。

スラムの人びとは想像を絶する絶対的貧困状況に喘いでおり、悪臭漂う環境下での生活を強いられていました。

「スモーキーマウンテン」と言われるゴミの山。そこでゴミを漁って、その日暮らしをする人、人、人。想像を絶する光景ではありましたが、その地域に住んでいる人々の明るさ、生きることの頼もしさには、いつも圧倒されました。

フィールドワーク

私が通っていた大学院の卒業要件に「シビック・アクション・プログラム」というカリキュラムがありました。

一五〇時間の「フィールドワーク」が課されていました。私はダスマリナスというスラム住民たちのリロケーションサイトで活動しました。携帯用の血圧測定器やヘルスメーター、そして体温計やコンドームを持って一軒一軒回り、体温や体重並びに血圧を測定し、ファミリープランニングを推奨する取り組みです。

フィリピンの大学ではファミリープランニングの授業があって、生理学的知識や家族計画の実践的知識を深めます。そして避妊の方法の一つであるコンドームの使い方なども教えます。日本の大学と比べると、実にプラグマティックな教育がなされていました。

フィールドワークは「一」から「四」まであって、二年間で履修しなければなりません。「一」と「二」は厚生省障がい福祉部局の専門官ミセス・ヘネローソがアドバイサーとなって下さり、マルコス大統領夫人イメルダさんが創立した老人福祉施設「ゴールデンアクレス」で一年間実習しました。そこは、日本でいう特別養護老人ホームのようなところですが、フィリピンでは唯一無二の施設でした。

二年目のフィールドワーク「三」と「四」は、マニラ市内の児童福祉分野での実習でした。ユニセフのマニラ事務局に配属になり、主に、ある地域の教会が行っている「児童プログラム」実践に携わりました。

いずれにしろ、「理論」だけを学ぶのではなく、日常的な活動の実践を非常に重視した取り組みがなされていました。

最も感心したのは、どの現場に入っても「スーパービジョン」が徹底していることでした。スーパービジョンとは被援助者（スーパーバイジー）が指導者（スーパーバイザー）から教育や指導を受ける過程のことを指しますが、規則的に面接を行うと同時に継続的な訓練を通して専門的スキルを向上させることを目的としています。フィリピンの大学はこのスーパービジョンが徹底されていました。

フィールドワークの最終評価を行うにあたっては、各スーパーバイザーが一堂に会し、私のフィールドワークをサポートしてくれます。

ユニセフの場合も、ミセス・ヘネローソがスーパーバイザーとなって私を支えてくれました。

更に驚いたのは、フィールドワークの「単位」を認めるに当たって、取り組んだフィールドワークの実際が理論的かつ方法論的にどうであったか、その良かった点、問題点を指摘して、問題点については、今後の取り組み方法へのアドバイスをして下さる等、懇切丁寧な指導を行って下さいました。

評価は非常に客観的で厳しかったものの、得難い貴重な経験でした。

厳しかった大学院卒業

大学院の全科目を履修し終えたあと、修士論文に取りかかる前に大きなチャレンジが待ち受けていました。総合試験です。

朝九時から夕方五時まで、記述問題を一二問解かなければなりません。その答案を三人の先生がチェックし、二人以上が合格点を出して初めて修士論文を書く資格が得られます。どうにか合格しましたが、それから更に大きなチャレンジが待っていました。

修士論文を進めていく上で、まず第一次審査。

どのようなテーマで、どういった理論的枠組みに基づいて、どのような方法を用いて論文を作成するかが問われます。フィリピンの大学院の論文は必ずリサーチを用い、統計学に基づいた集計と分析を取り入れなければなりません。

論文の審査を担当して下さる審査会のメンバー選出にあたっては、学生の意向も尊重されます。私の場合は、厚生省障がい福祉部局専門官、文部省統計学専門官で大学院の非常勤講師をしておられた先生など五名の方々に審査委員をお願いしました。

第一次審査をクリアーしたのち、いよいよ本格的な修士論文に取り掛かりました。

本来ならスラム街に入って調査をしたかったのですが、危険だということで、スラムに隣接するスクワター（不法占領者）地域での、全世帯六三五家族の二五％、一五九家族を対象に社会経済的なニーズの実態調査を行ないました。日本で言う町内会長に当る人としっかりとコンタクトを取らない限り、一歩も先に進めません。膨大な時間を必要としました。

課題に取り組むに当たって、理論的なバックボーンを明らかにし、その中から「仮説」を設定し、取り組む範囲と限界を明らかにします。仮説を設定することの重要性はフィリピンで学びました。調査は数名の大学生に協力してもらいました。

書きあがった修士論文を提出して第二回目の審査があり、論文内容全体の緻密なチェックが行われ、それをクリアーした後に待っているのが第三次審査です。大学院の責任者も加わり口頭審査を受けます。そして、修正すべき点を修正してようやく完成です。

審査に始まって実態調査の実施と集計並びに分析、修士論文の執筆、そして最終的な口頭審査と続く、気の遠くなるような取り組みでした。

民衆と共に歩むソーシャルワーカー

大学や大学院で学んだ学生は、卒業後、即戦力として国家機関やＮＧＯ、ＮＰＯ、民間施設などでソーシャルワーカーとして活躍しています。

民衆に根ざしたソーシャルワーカーは大学、大学院の教育の中で徹底的に訓練されています。

フィリピンのソーシャルワーカーは常に民衆とともに歩んでいます。マルコス政権に立ち向かって行われた「ピープルズ革命」の時、デモ行進の先陣を切って活躍したのはカトリックの枢機卿をはじめ、司祭やシスターとソーシャルワーカー達でした。

フィリピンのソーシャルワーカーは社会のために、民衆のために体を張り、命を懸けて活動している頼もしい存在です。

第三節　ベトナム難民援護事業

一九七八年三月、フィリピンから帰国した私は、浜松に長谷川保先生を訪ねました。じっくりと帰国報告を聞いて下さり、「聖隷に来て、ベトナム難民を支える仕事に携わり、フィリピンでの経験を活かして欲しい」と仰って下さいました。施設には既に第一次として受け入れた人たちが出国して、第二次の人たちが入寮していました。

長谷川先生は細かなことは何も仰いませんでしたが、「俺が全責任を負う」と唯一言。施設長を仰せつかった身として責任重大であります。

聖隷福祉事業団が難民を受け入れた経緯を振り返ってみたいと思います。

この事業は一九七五年四月、サイゴンが陥落し、ベトナム戦争が終結すると同時に、小舟を利用して祖国を脱出し救助を求める人々が続出しました。

同年六月に、国連難民高等弁務官事務所（ＵＮＨＣＲ）から日本赤十字社に対し、難民収容援護業務の協力依頼があり日本赤十字社は協力することを決定。各県支部を通じて援護施設の確保に乗り出し、聖隷福祉事業団が率先して引き受けたのでした。

一九七七年九月、聖隷福祉事業団ベトナム難民援護施設愛光寮を開設。一九八四年三月の閉鎖に至る迄六年半に延べ二百四十六名を受け入れ、人道的支援をしてきました。

全ては白紙からのスタートでした。全国的に難民事業におけるモデルがあったわけではありません。浜松には誰一人知り合いも居ませんでした。この様な状況下で、この仕事は自分一人でやり切れる仕事ではない。とにかくスタッフと共に一生懸命に取り組むことによって、教育関係者や就労関係者、地域の人達などのご理解とお力添えを得ながらやっていくしかないと思いました。同時に、フィリピンで学び、培ってきたアウトリーチの実践を通して開発的に取り組んでゆこうと考えました。

ここで愛光寮に於ける援護事業実践をなした主な取り組みを紹介してみましょう。

(一) 健康プログラム・サービス

愛光寮は聖隷福祉事業団が経営する二大総合病院の全面的協力体制のもとに、徹底した健康管理に努めてきました。彼らの一般的な疾病状況を見てみると、以前は結核を中心とする呼吸系疾患が比較的多く見られていましたが、HB抗原体のビールス性肝炎等の内臓疾患、皮膚病、性病等の細菌性による疾患が比較的目立ち、外来治療にかかる件数が多くありました。また、マラリヤ、フィラリア、検便検査に関しては、聖隷三方原病院予防検診部と浜松医科大学寄生虫学教室の協力体制のもとに、精密な検査を実施し、その結果に基づき予防対策の一環として、水洗便所の設置と早期駆虫等の指導を仰ぎ寄生虫の蔓延をチェックするなど成果を上げてきました。更にカルシウムの摂取量が不足していることと、歯の手入れが充分でない為、歯科治療にかかるケースが圧倒的に多く、地元歯科医の協力を得て充実した治療に努めました。

(二) 教育プログラム・サービス

教育問題は子を持つ親の深刻な悩みである事はどこも同じであります。特に彼らの場合、全く異文化世界にあって、言語、価値観等の相違を如何に克服し適応を図って行くかは並大抵の努力をもってしても容易ではなかったと思います。愛光寮では、どの言語を用いて、誰がどのような方法で教えて行けば良いのか等問題をスタッフと親達との間で幾度となく協議しました。それに基づいて当初は、第三国出国までの前提がある為、英語の基礎と算数の計算問題を中心に、能力別クラス編成をして寺子屋方式で指導しました。その後、地域の幼稚園や小学校から文化プログラム等の催し物に招待される機会が頻繁に与えられたり、定期的交流が図られるようになりました。これらの経験を通して難民児童達の学習意欲が旺盛になると同時に、就学したい要望が出されるようになってきました。児童達の要望は関係者、関係機関をも動かし、静岡県教育委員会レベルへの折衝まで持って行き、ついに仮滞在児童であっても㈠上陸後六カ月を経過し、ある程度の日本の生活に慣れ、日本語を基本的に理解して就学を希望する者に対して就学させる。㈡受入れ学年については年令に相当する学年又は、それより低学年に編入させる。㈢学校に於いては原則として特別配慮はせず、一般の児童生徒と同等の対応をする。㈣就学費用は保護者負担とする等の諸条件をもって就学許可がおりました。そして一九八一年四月六日、難民児童四人は一年半の学校生活を経験し、既にカナダへ定住していきましたが、学業、生活態度とも非常に優秀で関係者の評価は大変良く好印象でした。更にこのことと並行して、聖隷福祉事業団の創設している、わかば保育園が難民の未就学児童の通園希望者を週二日、午前中受入れて頂きました。とかく「教育の国際化」だとか「国際理解の為の教育」という事が重要視されてきている昨今、気賀小学校とわかば保育園に於けるベトナム人児童達を受入れてのヒューマンな次元での直接交流は、真の国際理解教育並びに統合教育実践の実験的モデルであったと言えましょう。

(三) 就労プログラム・サービス

当時、日本政府は仮滞在難民が一日中施設内で自由行動をとっていれば、周辺住民に与える影響は決して好ましいものではないであろうということと、更に施設管理、運営面に於ける業務上の精神的負担を考慮した上で職業訓練的な意味合いを持たせた取り組みとして、一九七七年一一月仮滞在難民の就労を特別許可しました。愛光寮に於いても一五歳以上の者で、健康状態に問題なく、本人の就労意志を確認した上で、愛光寮が独自に開拓した企業に就労を斡旋し、協力を得て就労促進を徹底させてきました。浜松は幸いにも、ヤマハ、本田、カワイ等自動車・オートバイ産業が地場産業の主流を占めており、大企業の請負いをなしている中小企業が多い利点がありました。彼らの就労態度は、手先が器用な上、仕事の呑み込みが早く、非常に勤勉であると各社から重宝がられました。経済的不況時代にあって、中小企業関係者の若年労働者確保は難しい状況に有り、第三者の想像を上回る深刻化した事態の中にあって難民の加入は企業者にとって心強い限りでありました。それだけに彼らに対する企業側の期待は大きく、重要なパートをまかせられ、想像以上の実績を上げることが出来ました。愛光寮としては常に企業、若しくは関係機関との連絡を密にしながら、定期的に企業主とスタッフ、あるいは時として難民を交えての「就労問題懇談会」を開催し、就労に関する諸問題の協議検討を通して円滑な相互連帯関係の推進を図っていくことが出来ました。

(四)　地域関係プログラム・サービス

難民にとって地域社会並びに地域住民との接触は異文化との出会いであり、相互理解を深める貴重な体験であります。愛光寮としては、彼らが参加や交流が出来るよう地域諸団体との交流プログラムに積極的参加致しました。施設中心の行動に限定させることなく、特に浜松市内及びその周辺に於ける行動の自由を認め、個人並びに家族のプライバシーを尊重して参りました。この様に彼らが基本的には何ら束縛されることのない状況の中で、彼らなりに地域理解を深め、人間関係の絆を深めて行く事を体験しながら、自立意識を高揚させ、自分も地域社会の一員であるという自覚を持つ事は重要であります。一九八二年の夏、東京の某女子大学社会福祉研究グループのメンバーが、難民児童を対象に人形劇をもって慰問して下さる機会が与えられました。私共スタッフはこの好意を喜んで受入れました。そして愛光寮だけにとどめることなく、地域の子供会、父兄会に呼びかけて地域公民館を会場に実施し、一〇〇余名もの参加を得て大盛況のうちに終えることが出来ました。この様にちょっとした工夫と配慮が地域住民達との相互交流を図る絶好の機会であったりするわけで、施設が地域に開かれた施設として地域住民との交流を図ることが大変重要であるといえましょう。

(五) 定住プログラム・サービス

彼らの大半は、アメリカ、イギリス、オーストリア等々への定住を希望しています。これらの国々の受入れ条件が厳しくなり、その枠が縮小されてきて、彼らの我国での滞在期間が長期化してきました。現に愛光寮の難民もその影響を受け、日本定住しかないとUNHCRから通告を受けたケースが多数出てきました。しかしいざ日本定住となると、我国の場合、帰化、国籍取得等の身分保障、生活保護とか医療保護等の社会保障制度の適用をめぐる生存権保障が当時十分確立しておらず、難民行政の不備に難色を示して、容易に決断する者はいませんでした。更にどのような定職を見出すことが出来るのか、どの程度生活維持がなし得るか、全く予測つかない彼らにとって不安は募るばかりでした。それと並行して、既に欧米先進国へ定住した同胞から寄せられる音信では、経済状態の悪化に基づく失業問題、生活不安は深刻化し前途多難であると聞かされる状況でありました。いずれにしろ、彼らの直面している現実は厳しい状況にあるわけで、この様な事態を憂慮してか、浜松を中心とする静岡県下を対象に、直接定住を希望する者が増えていました。日本定住への方法はベトナム難民の場合、財団法人アジア福祉教育財団難民事業本部が政府の委託を受けて取り組んでおり、姫路定住促進センターを通して定住する場合と仮滞在施設から直接定住する方法とがあります。しかし愛光寮の難民の場合、十二世帯二十五人が施設から浜松周辺への直接定住を具体的に申請したのであります。私共スタッフはこの申請に対して、検討した結果、何よりも公的な求人開拓が必要であり、浜松市公共職業安定所へ協力要請をしました。そして全面的協力を得、ベトナム難民直接定住に関する特別求人開拓プロジェクト・チームを編成して頂き、双方の連帯に基づく具体的対応が図られたのでありますこの様に、仮滞在施設が地元の公共職業安定所との協働を通して直接定住促進を実施しているケースは全国でも初めての試みであり、その成果は多くの関係者から注目されたのでした。

評価と課題

愛光寮の過去約六年の実践経過をふまえて率直に評価してみると、㈠浜松という本州の中央部に位置し、大都市をひかえたわりには自然環境に恵まれた地方都市に所在しているという地理条件と、温暖な気候条件に恵まれていること。㈡地域住民の性格が、開放的で世話好きであること。㈢特に自動車産業を地場産業の中心とした産業構造基盤が安定しており、就労機会が与えられたこと。㈣地方自治体、公共団体等の協力体制のもとに、就学実現並びに公的求人開拓が実施され成果を上げたこと。㈤聖隷福祉事業団の二大総合病院をはじめ、地元の医療機関の全面的協力が得られ健康管理が徹底出来たこと。これらの利点を活かしながら、民間社会福祉事業の機能を充分発揮し開発的アプローチ(Developmental Approach) を促進させてここまでの実績を有する結果となったといえましょう。

ベトナム難民の受入れは、我々にとって全く馴染みのない予期せぬ出来事でした。難民問題の本質は政治問題であり、また人権の問題でもあります。政治的犠牲者である彼らに対して、我々はどう関わればよいか試行錯誤の連続でした。人道主義を基盤としたプラグマティックな実践の取り組みを通して人間の尊厳がいかに守られ、社会正義をどう見出していくかと言う事が、本質的に問われていると思わされました。

愛光寮の援護事業実践は、我国の難民行政に先んじた、先駆的、実験的、開拓的役割と責任の一端を担ってきたといえましょう。

第四節　大学教員時代

私は大学の教員になることなど全くも考えていませんでした。あくまで、福祉の現場で精一杯働きたいと考えていました。浜松における難民支援の仕事の目途がつき始めていた頃のことです。有料老人ホーム浜松エデンの園に住んでおられ、当時は聖隷学園浜松衛生短期大学で教えておられた山田基男先生が、私を北陸学院短期大学（現北陸学院大学）に推薦して下さったのです。山田基男先生は牧師であると共に、学校法人山梨英和学院が設立した山梨英和短期大学（既に廃止）の初代学長を務められた方です。

当時、北陸学院短期大学にはキリスト教保育の理論と実践で高名な南信子先生が在籍されておられた保育科に迎え入れて下さいました。一九八四年のことでした。それから六年間、社会福祉分野の科目を担当しました。

その間、赴任してから二年目に、勤務の傍らで短大附属の幼児児童教育研究所教育相談部の部員として関わることになりました。所長であった南先生のご指名で児童福祉分野の科目担当をしていた私に、実際のフィールドで学ぶことを配慮されてのことでした。

研究所は、毎週土曜日午後一時から四時頃まで、教育相談の一環として自閉的傾向のある子ども、ダウン症児、登校拒否児などの親子面接、カウンセリング、遊戯療法などを取り組みました。この対応にあたっては、金沢大学教育学部教授真行寺功先生、市内の小児科医、金沢市教育委員会の児童問題専門担当者三名、そして短大保育科のボランティア学生達です。四国学院大学時代のカウンセリング研究会での学びはあったものの、実際の臨床経験は初めてでした。その日の取り組みを終えて、毎回最後にケース検討会を持ち、ケース内容の検討並びに今後の対応について、熱心に議論する中で対象者に学ぶことの重要性を改めて痛感致しました。そしてこの経験は、私が担当した児童福祉、養護原理の授業に役立ちました。二年後には教育相談部の部長を仰せつかり、部全体の企画・運営についても責任を担うようになりました。顧問である番匠鉄雄学院長、所長である南先生とはよく話し合う機会が与えられました。そんな中で新たな企画として、毎年夏に附属幼稚園（四園）の父兄並びに関係者、一般の方々を対象として幼児児童に関する研修会を二日間のスケジュールで実施しました。講師には、児童文学者で絵本作家の加古さとし先生、福音館書店の創立者で児童文学者の松井直先生、精神科医の服部祥子先生、ビアトリクス・ポーター研究の第一人者で児童文学研究者の吉田新一先生などをお迎えしました。著名な講師陣と言うことで、研修会はいつも盛会でした。パネルディスカッションでは講師の方々にもパネラーとして発題して頂き、フロアーとの白熱した議論が展開され、参加者一同共に貴重な学びの時間を共有することが出来ました。この企画は二年間ほど続き、参加者に大好評でした。

ほかの取り組みとしては研究所の記念行事に横須賀キリスト教社会館館長阿部志郎先生を記念講演会講師として招き、講演をして頂きました。とても示唆に富んだ格調高い講演でした。更に年一回、『相談部だより』を発行し、多くの方々に読んで頂くことが出来ました。読者の関心事は何であり、どのような内容を欲しているのか、常に読み手の必要と求めに応じた内容になるように取り組ませて頂きました。

これらの経験も予期しなかったことでありましたが、新たなるチャレンジの機会として多くの充実した恩恵にあずかることが出来、感謝でした。金沢時代の忘れられない良き思い出です。

金沢での六年が過ぎようとしていた頃、英国留学から帰国し、四国学院大学の学長に就任されたばかりの恩師中園康夫先生から「四国学院に帰って来て欲しい」という要請がありました。この突然の申し出に驚きましたが、祈ってお受けすることにしました。

四国学院大学では様々な専門科目を教えてきました。主に「社会福祉原論」「地域福祉論」「国際社会福祉論」「児童家庭福祉論」「社会福祉計画論」そして「現場実習」等々。

理論的な学びは勿論のこと実践的な取り組みについての現場での学びを大切にしたいと、特に地域福祉論の授業では、毎年夏期休暇中に課題として、自分が生まれ育った地域のことを、福祉的な視点から調べ、レポートにまとめてもらいました。具体的には、生まれ育った地域の特性は何か、地域内に存在する社会福祉関係機関（福祉事務所や社会福祉協議会並びに社会福祉施設など）ではどのような役割や責任を担っているのか。社会福祉施設と地域社会との関係はどうなのか等。学生たちはそれぞれの地域に出向き、自らの足で情報を収集し、関係者から学んだ上で、レポートを作成を通して実践的な学びをなすことが出来ました。学生達にとっては初めての経験でしたが、多くの収穫を得たようです。レポートの中にはそのまま卒業論文にしてもよい優れたものもあり、実際に学ぶことの大切さを経験できたことはその後のよい動機付けになったようです。

第五節　阪神淡路大震災・仮設住宅ボランティア

一九九五年一月一七日早朝に発生した阪神淡路大震災は、多数の死者と家屋損壊を出す大惨事でありました。このような悲惨な状況時に、神戸市須磨区菅の台に地域型仮設住宅が開設されました。ここでのプレハブ住宅は市内避難所に避難されていた方々の中で、高齢者、障がい者を受入れる為の共同住宅でした。

社会福祉法人　神戸聖隷福祉事業団身体障がい者療護施設神戸愛生園は、神戸市民福祉振興会からの依頼により、住宅に入居している方々の福祉相談や生活支援の為の「福祉相談員」を派遣されました。しかし、高齢者・障がい者が中心である為、各種相談のみならず生活面での支援が十分対応しきれないと言うことで、神戸聖隷福祉事業団が加盟している日本キリスト教社会事業同盟に人材派遣協力を要請して来ました。当時、私は同盟理事をしており、同盟も全面協力をすることを決議。全国の加盟施設からも職員を派遣するなど具体的な取り組みが始まったのでした。勤務校である四国学院大学社会福祉学科生達に、ボランティア活動参加を呼びかけ、大学としても積極的に関われないかと思案致しました。その後、同盟や愛生園関係者と相談し、現地での宿泊提供、生活面での費用負担等の便宜が図られ、参加者は一回につき二週間参加することを条件に、学生の参加も認められました。

大学側としても、授業出席等で支障が無いよう考慮しながら、私が科目担当している『地域福祉論』の受講生に呼びかけました。施設側からは、現地スタッフが本校に来校して下さり、参加希望者を対象に「心のケア」オリエンテーションを指導下さいました。

学生たちの参加は強制ではなく、あくまでも自主参加でありましたが、想像以上に多数の参加がありました。中には一回限りではなく、数回にわたって参加し、卒業論文にその成果をまとめた学生もいました。

この活動は実質的に一年半に及び、数々の貴重な体験を通して、多くの学びを得ることが出来ました。

何回か参加した学生田原さんの感想文を紹介します。

『仮設ボランティアに参加して』

社会福祉学科三年　田原素子

震災が起こってから、大変なことが起こっていることがとても他人ごとには思えず、何か手助けがしたいと思いながらも具体的に行動に移せないまま、時が過ぎていきました。そんな時、ボランティアの話が社会福祉学科の学生にもちかけられ、とてもいい機会だと思い、参加させて頂きました。

一日の活動は、先ず安否確認から始まります、私の担当である五十軒を、一軒一軒回って行くのはそれだけでもかなり時間がかかります。外に出向いて行くのが不自由な方からは、「今日は、お医者について行って欲しい」とか、「これを買ってきて欲しい」とか、その日の用件を聞き、安否確認が済んでから、頼まれたことをこなします。

活動を始めたばかりの頃は、頼まれた用件をこなし、役に立てている、ということに満足をしていました。しかし、活動を進めるうちに、そうではないことに気づき始めました。入居者の必要に応じて用事をこなす役割も大切だが、何か物事を入居者の方とこなす過程において、（例えば、一緒に買い物をする時であったり、ご飯を食べる時であったり）そばにいてあげられる存在であり、話を聞いてあげられる存在であることが一番大切なのではないかと考えるようになりました。そう考え始めると、一人ひとりの方とじっくり話したいと思うようになり、一日一日の活動が短く感じられました。部屋を訪れ、お茶をよばれながら聞いていると、一人ひとりの方が、地震から今まで、本当に色々なドラマをお持ちなのです。初めは和やかに世間話をされていても、突然せきを切ったように辛かった地震の体験を切々と語られて、最後に「話を聞いてくれてありがとう」と涙を流されたおばあちゃん、そんな姿を見ていると、改めて人の話を聞く大切さというものに気づかされました。

仮設で生活されている方は、とりあえず、自分の生活する場は与えられた訳です。でもこれは本当にとりあえずに過ぎません、私が行った仮設で生活されている方約百名の平均年齢は、七十歳です。一人で暮らすのはどう見ても気の毒な方でも、ボランティアや仮設のスタッフに支えられて、なんとかその日その日を過ごしておられます。

さまざまな事情により、色々なものから引き裂かれて、仮設の一室に押し込められているような状態の方もいます。そんな中でも、仮設という今までと全く違った一社会の中で、明るく生きていこうと懸命に頑張っておられるのです。ボランティアは、そんな入居者の方々の気持ちを少しでも和らげる存在であれたら、と思いながら活動を続けてきました。

実際の状況としては、未だに身体的・精神的に立ち直れていない方が少なからずいるのです。震災に遭われた方の最後の一人の方が立ち直れる日まで阪神大震災は終わっていないのだと思います。目に見える形での援助は、そう多くは必要ないのかもしれません。しかし、目に見えない心のケアの為の援助は、徐々に落ち着きつつある今だからこそ、続けて行く必要があるのではないでしょうか。何か手助けをしたいという思いで参加したボランティア活動でしたが、実に多くのことを学んで帰ってきました。

（一部を省略し掲載）

学生たちはこのボランティア体験を通し、被災者の有する困難や苦悩を共有する中で生きた学びが出来たでありましょう。そして、「相手になり代われない」深刻な現実の中に在って、彼らに寄り添い、その苦悩をあたかも自分自身のことであるかのように感じることが出来たと思います。この貴重な体験をきっかけに、人間への熱い思いを、熱い心で燃やし続けながら、福祉の心の核心を更に探求し、学びを深めたことと思います。

定年までの二十四年間、色々ありながらも、充実した教育・研究に打ち込むことが出来たことは望外の喜びでした。

第六節　定年後

定年後、以前から長年非常勤講師をしていた聖隷クリストファー大学から特任教授として働く機会を与えられました。

大学周辺には、聖隷グループの総合病院、社会福祉施設が存在し、「医療、福祉、教育の連携」が図られています。我が国において、このような環境は多くなく、教員、学生共に専門教育を学ぶ者にとって最高の環境が与えられています。

ここでの筆者の担当科目は、「国際社会福祉論」、「子ども家庭福祉論」、「キリスト教社会福祉論」等々。この間三年間、社会福祉学部社会福祉学科に所属し、教育、研究に従事することが出来ました。そして退職後、非常勤講師として、「子ども家庭福祉論」を二年間担当させて頂きました。

その後教育現場から退いた後、社会福祉法人「こころの家族」理事長尹基氏のお誘いもあり、そこで国際人材育成の顧問として働くことになりました。

この法人は、韓国の木浦の地でキリスト教伝道師をしていた尹致浩氏が七人の孤児を引き取りお世話をしたことに始まります。ところが、ある日外出したまま尹氏が行方不明となり、妻である高知県出身の田内千鶴子さんが引き続き面倒をみて来られました。彼女は異国の地で三千人もの孤児を育てたことで、「韓国孤児の母」と呼ばれています。

この事業は現在、長男である尹基氏に引き継がれ、日韓両国で子どもや高齢者、障がい者等の「こころの家族」となり、その福祉ニーズに応える多数のプログラムの開発、支援や施設経営を行っています。

筆者は今、この法人施設内で働く外国人職員の定着化について、その具体的方策を検討しています。このチャレンジを通して、多文化ソーシャルワークの発展に少しでもお役に立つことが出来ればと願っています。

第七節　社会福祉の価値観と行動原理

問われる哲学

ある時調べものをしていたところ、次のような文章に触れることがありました。

「競争に勝った強い者が弱い者を支配する時代は終わった。時代は、共に生きるパートナーシップへと移行している。今、私たちの求められているのは人間として生きるために必要な人権感覚や問題意識、そして倫理観や自己表現能力です。そして、さらに重要なことは相手の立場に立って考えることのできる想像力です」

「今、日本社会の価値観は大きく揺らいでいます。これまで拠りどころとしてきた経済的、物質的豊かさだけでは人間は幸せになれないということに気づいてきています」
「人間の幸せとは一体何なのか。その基盤を一体どこに求めたらいいのか。私たちはやっと今、かけがえのない存在であり、人びとが人間らしく生きることはどういうことか、そのための価値観の模索が始まったところではないだろうか」

この文章に触れた時、人権感覚や問題意識を日常生活や大学の学びを通してどう捉えていけばいいのか、どう取り組んでいけばいいのかを、若い学生たちに明確に示す必要があるのではないかと考えさせられました。

人権感覚や問題意識の根底には倫理観の問題があると思うのです。

思想的なバックグラウンドをきちんと踏まえなければならないわけですが、学生時代にその学びがきちんとなされているかどうか。そして、個々人の考えを自らの言葉を通じてあらわにしているかどうか。若い人たちは自立的な「自己」を形成する努力をしているのだろうか。今、そこが一番問われていると思います。

福祉、教育の現場でも物事の本質である思想や哲学、倫理等を共有し、認識しあっていかない限り利用者の幸せには結び付いていかないと思います。

「福祉文化」というのは、人々の多様な生活環境や問題に対して地域全体で取り組み、支え合う文化だと言えます。しかし、この様な文化は日本の伝統的な生きざまの中で明らかにされていると同時に、どこの国にもあると思うのです。

私が学んだフィリピンにも人間関係に関する価値観や行動原理を表す言葉があります。「パキキサマ」日本語で言えば「助け合い、分かち合う」ことです。パートナーシップという意味があります。

日本にも昔から「助け合って、分かち合う」文化があります。

グローバルな視点

二十年ほど前になりますが、オーストラリア、ニュージーランド、マレーシアへ視察に行く機会がありました。その折、マレーシアでよく耳にしたのが「ケアリング・ソサエティ」という言葉です。最近日本でも、政策上よくで聞かれるようになりました。

ケアリング・ソサエティの意味は「相互に支え合う地域を構築することです。」今後、日本のあるべき地域共生社会のプリンシプル、つまり最も重要な行動原理がケアリング・ソサエティであります。

地域福祉の一環として、その理論づけのためにケアリング・ソサエティを強調しているのです。

これからの福祉文化は、時代的状況に鑑み、地域特性をふまえながらどのように創造していけばいいのだろうか。

いま、日本にも多くの外国人が居住していることから、「多文化共生」ということがしきりに言われるようになりました。時代に即した福祉文化の形成として地域で多文化共生を実現するためには、それ相当の考えと実践的努力をしなければならないと思います。

これからの時代、福祉文化を形成するために欠かせないのは「グローバルな視点」です。「シンク・グローバリー、アクト・ローカリー」つまり、「地球規模で考え、地域で行動せよ」。現代社会の地球規模における重要課題である、環境、貧困、人権、平和、開発等を自らの課題として捉え、身近なところから取り組むことにより、それらの課題の解決につなげる新たな価値観や行動を生み出すことが、持続可能な社会を創造していくことを目指す考えです。

このことを地域社会の中でどう具現化し、福祉文化の形成につなげていくのか。誰がコーディネートし、どう取り組んでいけばいいのか。

私は、ソーシャルワーカーの役割が非常に大きいと思います。今の大学教育の中に多文化ソーシャルワーカーを育てるカリキュラムを作成し、それに基づいた教育が、喫緊の課題ではないでしょうか。

大学が考える力を備えた若い力を地域に送り出し、地域での実践に貢献していくことが期待されています。

互酬性

阿部志郎先生は、今後の日本の福祉の在り方を考える上で、「互酬性」をどう再考するかが重要であることを指摘しておられます。フィリピンにもそれに類する言葉があります。「レシプロシティ」と言います。

フィリピンを代表する社会学者、ホルンスタイナーはレシプロシティの定義をこう規定しています。

「こちらから頼んだかどうか否かに関わらず、個人が受けたあらゆるサービスに対して『返報』しなければならないという行動原理であり、『返報』の方向、つり合いは当事者同士の身分の差や交換される物品やサービスの種類に応じて決められることになっている」と。

レシプロシティを経験した人は恩義を感じるわけですが、フィリピンではこの恩義のことを「ウタン・ナ・ロオブ」と言います。ウタン・ナ・ロオブは便宜を図ってもらったことに対して感じる恩義ですが、恩を返さなければ「ヒア」、日本語では「恥」になります。日本人の行動原理と同じなのです。

阿部志郎先生はそこを見直すことで、新たな福祉文化が形作られていくのではないかと指摘しておられます。

寄り添う

この困難な時代において福祉文化を創造するには、改めて人と人との繋がりの大切さに気付くことです。そして、住民が主体となって「場」を作り、ネットワークを作ることです。

しかし、日本の現実社会は「無縁社会」だと言われています。

若い学生たちにもその現実に真摯に向き合い、直面する問題や課題を共有して頂きたい。そして「どうするべきか」を自ら考えてほしいと思います。

ソーシャルワーカーとして利用者や対象者に向き合う時に、「寄り添う」という言葉がよく使われます。

「寄り添う」とはどういうことでしょうか。

寄り添うということはホスピスの母であるシシリー・ソンダースが言っている言葉で、何かをすることではなくて、そばに存在することが寄り添うことの基本です。英語で言うと「Not doing But being」ということです。

寄り添うということはそれなりに責任を伴うことですから、それに耐える力をもっていなければなりません。そして、常に「思いやり」とか「理解する心」が付随して求められるわけで、その人の「寛容性」が人間性として問われます。つまり、ソーシャルワーカーである以前にひとりの人間としての「器量」とか人間性が培われていない限り、おいそれと「寄り添う」などとは言えないと思うのです。

分かち合う

ソーシャルワーカーの原点は寛容な心をもって共に悩み、苦しみ、喜びを分かち合うことにあります。

寛容な心なくして、例えば子どもたちの視点に立って対応が出来るでしょうか。

多くの現代人はさまざまな苦悩を抱えて生きていると思うのですが、オーストリアの精神科医ヴィクトール・フランクルは「人間の本質というのは、その最も深いところでは、また究極的には受難である」と言っています。つまり、人間の本質は苦悩する者、「ホモパティエンス」であると。

ホモパティエンスというのは「苦悩を耐え忍んでいる人」という意味です。人は苦悩し失敗もする極めて弱い存在であり、やがては死んでいく存在であるけれども、苦悩することで逆に苦難を跳ね返す強さを持った存在である、という考え方です。

これは、現代人が生きる上で、しっかりと考えておかなければならないことだと思います。ことにソーシャルワーカーは苦悩する人間に寄り添って歩んでいく存在ですが、具体的にどういった関わりをしていかなければならないかということについては、相手への深い配慮をもって十分検討することが求められます。

福祉にかかわる人間も悩む時には徹底的に悩み抜き、苦しむ時には苦しみ抜いてみる。そうすることで初めて「自己の存在」に対する気づきや、自覚を見出すことが出来ると言えるでしょう。悩みや、苦しみの中に在る人に寄り添うには、こうした自覚や確信が大切です。そういった意味で、大学では、人間の本質的な理解を深める教育が求められていると言えるでしょう。

第八節　福祉を志す人へ

戦後英国の社会保障の成立に尽力したウィリアム・ベヴァリッジは人間の福祉を損なう生活上の困難として、「五大悪」を挙げています。貧窮、疾病、無知、不潔、怠慢、これらのいずれもが個人の責任によるのではなく、社会的な原因や環境上の要因によるものであると指摘しました。この指摘は今日でもまだ解決されたとはいえず、更に新たな要因が加わってきている現実があります。これらの社会問題を生み出す諸々の要因に関心を持ち、関わっていく努力を決して忘れてはなりません。一人ひとりの内面の中で問い続ける精神的営みがとても重要であると思います。

大切なことは、人間や社会に生起する複雑多様な現象の本質を理解する原理や思想をしっかり学ぶことです。この様な思索のプロセスを通して「人間とは何か」、「社会とは何か」という問題に対して深い理論と思想を身につけてゆくことに繋がってゆくのです。

それ故、本質を理解する為には、これらの現象に出来るだけ接し、現実や現象が示しているることを見極め貪欲に学ぶ態度を身につけながら、自分の力で現象を見通す理論的枠組みを作ってゆくことが必要です。

その為には現実の問題に関わってゆく過程において常に「問う」「問いかける」という積極的態度が必要です。しかし「問い」が「問い」として成立する為には常に自らの問題意識を持たなければなりません。

このような思索を通して今まで以上に人間一人ひとりの尊厳性を自覚してゆくことになるのではないでしょうか。

一時的な現象の中に自己を見失うのではなく、現象の中にある本質に目を向け探求し続けていくことを心掛けたいものです。

私たちが人として生きてゆくということは、学び続けるということであると思います。こうした努力が物事を判断する際、主体的に考えることが出来、適切な行動になってゆくと思います。

学ぶとは単に知識を身につけて、丸暗記することではありません。読書や自己研鑽を通して与えられた知識に触発されながら、現実の問題や課題を自分でよく考える中で育まれるものです。

最近、若い人たちは本を読まなくなったと言われています。一般的に活字離れが顕著で思考力が希薄であるということです。どうか一日の内に少しの時間でも読書を通して思考力を養い、思索を深め、学び続ける努力を怠らないで頂きたいと思います。

最後にフランスの詩人アラゴンの詩の一節を紹介しておきましょう。

「学ぶとは、誠実を胸に刻むこと、教えるとは、共に希望を語ること」

という一節です。私どもは一日一日を本当に大切に、誠実に学んでゆかなければならないと思うのです。そして共に希望を語りながら、新たなビジョンを見出し、創造的で充実した福祉社会の実現を志してゆく者でありたいと願っています。

ほほえみ

第五章

実践をとおして「福祉」を目指す人に伝えたいこと

横須賀基督教社会館館長　岸川洋治

はじめに

私は学生時代、横須賀基督教社会館（以下、社会館）の住み込みボランティア（週三日程度社会館でボランティアをする条件で職員寮の一室を提供された）をしながら明治学院大学に通いました。大学は今と違って出席は重視されず社会館での活動に多くの時間を使いました。講義で休まずに出席したのは日本社会事業大学教授、吉田久一先生が非常勤講師として担当された「日本社会事業史」だけでした。なぜ吉田先生の講義が私を引き付けたのか、今思えば社会福祉の礎である「社会福祉思想」「社会福祉哲学」を語られたからです。

五〇年前、日本の社会福祉教育は緒についたばかりだったせいでしょう。パールマンの「ケースワーク」、コノプカの「グループワーク」、ロスの「コミュニティオーガニゼーション」などの翻訳書がテキストに使用されていたので、アメリカ輸入型であると感じ馴染めませんでした。

多くの学生を魅了していたのは阿部志郎先生です。阿部先生は社会館館長と明治学院大学助教授をしばらく兼ねておられましたが、一九六二年、社会館業務に専念するため大学を辞し非常勤講師として「社会思想史」を講義しておられました。

大学の先輩からは阿部先生の講義は絶対履修した方が良いと何度も聞きましたが、非常に残念なことに必修科目と重複し履修は諦めましたが、最初の講義を聴講しました。聞きしに勝る名講義でした。手ぶらで教室に現れ原稿もなく九〇分、福祉思想を講義されました。これこそ大学の授業だと思いました。

学生時代に学んだ最大のことは、社会福祉の方法論や制度を学ぶだけでは不十分で、それを支える思想を考える大切さを知ったことだったと思います。今日の福祉系大学での教育は国家試験に縛られているのではないでしょうか。国家試験に出題されない領域は軽視される、もしそのようなことがあるとすれば知識に偏った専門家となるのではないでしょうか。宗教、哲学、思想、文学など幅広く学ぶ姿勢が大切だと思います。ソーシャルワーカーにはすぐれた感性と洞察力、想像力が必要です。その力を養うためにはリベラルアーツ（さまざまな学問領域を自由に積極的に学ぶこと）に挑戦することをお勧めします。

私は神奈川県立保健福祉大学（以下、県大）で「宗教と人間」という科目を非常勤で担当しています。全一五回の内、私は二回だけ講義し残りはゲストスピーカーにお願いしています。キリスト教、仏教、天理教の立場から九名の方が担当しています。

第一節　「宗教と人間」という科目がなぜ開講されたか

この科目が開設されたのは初代学長、阿部志郎先生（阿部先生については二三〇ページ以下で紹介しています）の教育理念があったからです。県大のホームページには次のような基本理念が掲載されています。（一部抜粋、アンダーライン筆者）

保健・医療・福祉の対象が、様々な側面を併せ持つ温もりのある「ひと」であることを改めて思います。

「ひと」を単に専門的な一側面から捉えるのではなく、全人格的な対象とし、深い洞察力と共感によって切実なニーズを感じ取り、的確な対応をすることで初めてヒューマンサービスが可能になると考えます。

こうしたヒューマンサービスの実現には、個々の領域を越えた幅の広い専門的な知識や技術を持つことが求められる上に、それぞれの分野の専門家が領域を越え相互に理解し合う連携と協働の実践が不可欠です。

阿部先生は教育理念に沿った科目の一つとして「かけがえのない『ひと』を深く理解する」ことを目標とした「宗教と人間」を開設したのです。「ひと」としての尊厳を大切にしたヒューマンサービスを実践できる人材、トータルなサービスのできる人材、高い資質をもつ有為の人材の育成に「宗教」は欠かせないものであるとの考えに基づくものと思います。公立の大学でこのような科目を開講するのは非常に珍しいことだと言われています。私はこの科目のオリエンテーションを兼ねて第一回目の講義を担当しています。私がなぜ福祉の途を選んだのか、大学時代に遭った三人の先生方、勤務先の社会館の仕事を通して学んだ福祉の考え方などを学生に語っています。ここでの講義を中心として皆さんに語りかけたいと思います。

第二節　私が福祉を選んだ動機

(一)　私が育った町

今でも夏になると多くの町内で盆踊が行われています。盆踊りの定番となっているのが炭鉱節です。曲の出だしは「月が出た出た月が出た　三池炭鉱の上に出た…」という歌詞から始まります。私が小学校から高校卒業までを過ごした町は、この三池炭鉱がある福岡県大牟田市というところです。大牟田市は、福岡県の最南端にある市で、九州の中部に位置し、西は有明海に面しています。熊本県荒尾市と隣接しています。人口は私が小学生の頃は二〇万人ぐらいでしたが、現在は一一万三千人と大幅に減少しています。これはこれから述べる「三井三池炭鉱」の閉山（一九九七年）の影響です。

私の中学時代に子ども心にも社会の中にある格差を感じる出来事を体験しました。中学生となり新しい友人宅を訪問する機会が訪れました。友人は二階建ての長屋が無数に並ぶ炭坑住宅街に住んでいました。私の住んでいた地域にはホワイトカラーの職員住宅があり庭付きの一戸建てでしたのでの著しい住宅格差を見てショックを受けました。

私が通う中学校に隣接してもう一校中学校がありました。二つの公立中学校が隣接していたのです。最近、高校時代の同窓、同学年生で農中茂徳君が『三池炭鉱　宮原社宅の少年』（石風社、二〇一六年）という本を出版しました。その本で知ったのですが、「大牟田には、三井鉱山東京本社の関係者が数多く転勤して来ていた。家族ぐるみの転勤の場合もあった。学齢期の子どもたちがいると、親としては通う学校のことが心配になる。いずれ東京に戻るのだから、東京の文化と言葉を大切にしたい。できることなら、大牟田の文化と言葉に染まらないですむような学校に通わせたい。そういう要望が強まり、市の行政もこれを受け入れた。そして、（ホワイトカラーの子女のために）新たに中学校が新設され、（高校受験も）学区制のもとで一九一七年に開校した伝統校受験ができた」。

人間の生活の基本となる「住まい」と「教育」の格差が生じるのはなぜなのか、という疑問が漠然と生じたのは中学一年の時でした。

(二) 三井三池鉱山労働争議

炭鉱住宅の水道は共有で不便だったかも知れませんが「炭鉱に生活する人々にとって、棟割の住宅はたんなる居住の場だけではない。いったん坑内に下れば再び生きて上がってこられる保証のない労働を共有した人々が共に生きる、まさに人生そのものの空間だった」（アサヒグラフ、一九九四年『三池閉山』より）ようです。

恐らく共同の水道の周りで夕方には主婦たちが集まり話に花が咲いたことでしょう。危険な労働を共有する仲間としてのアイデンティティを基とした人間関係豊かなコミュニティがありました。ところが、コミュニティを崩壊させる出来事が生じました。

一九五九年、エネルギー革命が起り国策として石炭から石油への政策転換が行われました。会社側は合理化を図るために一九五九年一一月下旬、一二七八人の指名解雇を発表しました。その人々は組合の活動家がほとんどでした。

労働者対総資本の対決といわれた三井争議が始まりました。首切り反対の声は高まり、全国から組合の応援のために大勢の人が大牟田に集まりました。

市内は騒然とし緊張感が町全体を覆っていると子ども心に思いました。一九六〇年一月、三井鉱山は三池炭鉱をロックアウトしました。

争議が長期化する中で会社側は組合への分裂攻撃を始めました。一九六〇年三月、会社側の意を受けた第二組合（新労）が結成されました。新労の一五〇〇人が採鉱を再開し、ピケを張る第一組合（旧労）と衝突を繰り返しました。一二七八名の指名解雇は撤回されず、三池労組は敗北し旧労組組合員への強制配転、賃金差別など行われました。組合員の対立の様子を『閉山　三井三池炭坑一八八九―一九九七』（奈賀悟、岩波書店、一九九七年）では、「三池労組が『旧労』、三池新労組は『新労』。分裂した組合の新旧対立は『階級闘争』と『民主的労働運動』の激突と宣伝された。組合だけでなく、社宅では主婦たちも分裂した。『裏切りモン』、『なんね、旧労が』コメ、みその貸し借りから赤ん坊の世話まで、親兄弟のごとく暮らしてきた人たちが分裂によって引き裂かれたのである」と描いています。（二〇六ページ）

私自身も中学校の教室内で第一組合と第二組合の子どもたちがいがみ合っている様子を

しばしば目撃しました。教室の授業も落ち着かず、休み時間は二つのグループに分かれていました。

会社側が雇ったと言われる暴力団の介入があり旧労の組合員が刺殺されるという事件まで起こりました。「去るも地獄、残るも地獄」という看板が三池労働組合事務所に掲げてありました。多くの組合員の人々とその妻、子どもは旧労、新労を問わず苦悩する日々が続いたことだと思います。

㈢ 三川鉱炭塵爆発事故

一九六三年一一月九日、三川鉱炭塵爆発が起こり死者四五八名、意識不明四三五人、一酸化炭素中毒患者八三九人という戦後最大の大惨事でした。棺がトラックに積まれ次々と火葬場へ運ばれるのを目撃し人間の最期を粗末に扱っていいのか、となんとも言えない気持ちになったことを覚えています。

一酸化炭素中毒は脳細胞が破壊され、助かった場合でも知能障がい、感覚障がい、性格変化など精神や肉体にさまざまな障がいをきたしました。中毒患者の方々のその後の苦闘は前に引用した奈賀悟の他、熊谷博子『むかし原発いま炭鉱』、中央公論新社、二〇一二年に詳しく書かれています。

同級生の父親がこの事故で亡くなりました。弔問に行ったとき、呆然としていた級友の顔が忘れられません。

以上述べましたような体験から社会の問題を考えるようになり、社会福祉の勉強をしてみようと思いました。このことを決意したもう一つの動機は、高校二年の時に洗礼を受けたことです。隣人に仕えるような仕事に就きたいという思いがありましたので明治学院大学社会福祉学科に入学しました。

第三節　学生時代―濱野一郎先生、阿部志郎先生、エヴェレット・トムソン先生―

大学のサークルは子どもたちに伝道することを目的としたキリスト教児童教育研究会に入り、毎週土曜日の午後足立区本木にある親隣館という小さなセツルメント施設で子ども会などの活動をしました。一九五〇年代の本木地区は低所得の人々が多く生活していました。一九五八年、国際婦人福祉協会の援助によって本木地区にセツルメントを創ろうと準備委員会が開かれ、キリスト者青年奉仕団が中心となって準備を始めました。一九六〇年、木造平屋建て約六〇㎡の建物を建て、保育部、児童部、家庭相談などを行う「本木親隣館」として開設、同年児童厚生施設として認可されました。運営は理事長以下明治学院大学の教員が担いました。阿部志郎先生は、開設時の理事でした。親隣館の主事として大学助手の濱野一郎先生が兼務しておられました。後に濱野先生にはゼミでの論文指導や社会館理事長として長年お世話になることとなります。

本木でも地域格差、経済格差を痛感しました。孝橋正一教授が社会福祉の定義で「対象の存在は現存の社会制度（資本主義制度）に固有の欠陥によって規定される」と述べていますが本木の子どもたちや住民の生活を知り、孝橋理論がなんとなく納得できたような気分でもありました。

本木地区のような地域はイギリスでは一八世紀ごろから形成され始め一九世紀後半にはロンドンの東ロンドンのスラムの問題が市民に知れ渡るようになりました。この事については、後述します。

先に述べましたように二〇歳の時に社会館のボランティアとして受け入れられました。そこで生涯の師となる阿部志郎先生に初めてお目にかかり、また引退帰米される前のエヴェレット・トムソン先生にもお会いする機会があったことは若い時代に受けた大きな恵みだと感謝しています。

　大学時代に出会った濱野一郎先生、阿部志郎先生、エヴェレット・トムソン先生の思想、生き方に私は大きな影響を受けていますので諸先生方のことを紹介したいと思います。

(一) 濱野一郎先生

　濱野先生は早稲田大学法学部在学中、本木親隣館の近くにある「愛恵学園」という施設でボランティア活動をしました。愛恵学園は一九二八年ミス・ペインというアメリカの宣教師によって設立されました。幼稚園、乳幼児健康相談など住民の福祉向上を目指したものでした。戦争が激しくなりミス・ペインの帰国などにより一九四五年、事実上閉鎖となりました。

　一九四八年、本格的に再開され青少年や青年の活動が行われるようになりました。濱野先生は主に中学生の活動を担当し、毎年夏、横須賀野比海岸で行われた中学生キャンプでは学生リーダーとして活躍しました。愛恵学園での聖書の学習会にも熱心に出席し一九五九年、西片町教会で洗礼を受け、生涯を一クリスチャンとして誠実に生きられました。

　愛恵学園でのボランティア活動を通して福祉への関心を深め、明治学院大学院で社会福祉学修士を修めました。大学院時代は社会館のボランティアとして母子寮に入居している親子の指導や家庭相談所のスーパーバイザーなどの活動をしました。

大学院卒業後、明治学院大学の助手となりますが、前述のように「本木親隣館」で主事を兼務します。セツルメントに対する関心は愛恵学園や社会館のボランティア時代に芽生えたのだと思います。

講師、助教授、教授として研究と教育に携わりますが、その間、学生部長、宗教部長、ボランティア・センター長を務められました。何れも濱野先生の人柄にぴったりのものだったと思います。

最近知ったことですが一九七〇年代初期、学園紛争中、学生が機動隊に拘束され、連行されそうになった時、日ごろ物静かな濱野先生が血相を変え「僕の学生だ。返せ」と機動隊員から学生を取り戻したということです。

濱野先生は象牙の塔の正反対な生き方をされました。その一つが横浜寿地区でボランティアを組織し、炊き出しや毛布の配布など一市民ボランティアとして長期間活動したことです。大学教員退職後は、「全身全霊を寿に注いだ」と聡子夫人は葬儀の挨拶状に記されました。（濱野先生は二〇一七年一一月天に召されました）。

『横須賀基督教社会館七〇周年記念誌』の中で濱野先生は寿地区での活動の様子を次のように記しています。

「私は今横浜市中区寿町という簡易宿泊街で、ほぼ毎週『炊き出し』ボランティアをしています。朝、皆で肉や野菜、魚等を刻み、午後から配食する。配食数は日によって異なりますが、ほぼ五〇〇食～六〇〇食を配食します。ボランティアは、私のように外部からやってくる人、寿町の住民含めて毎回五〇～六〇人ほど。私たちはどちらかというとお手伝い。主体は町の住民の皆さんです。炊き出しへの町の住民の参加も徐々に増えていると感じます。それがエンパワーメントの観点から見ても望ましいことなのです。今は、住民が主体となっています」

濱野先生は炊き出しの縁の下の力持ちの役割を果され、講演を頼まれると寿地区のことをよくお話下さいました。二〇一五年六月一三日（土）講演「寿について」の中から紹介します。

面接に行った。履歴書を出せと言われた。中卒までを二～三行書いた。後は書く事がない。「寿町」という住所。「寿」と知れるだけで就職はダメになる。結局面接にも残れなかった。理由を聞くと「若い順から面接した」とのこと。
生活保護申請に偽名をつかったら絞られた。だけど、偽名を使うには使うだけの理由がある。

住民は素晴らしい。Sさん、Mさん、Sさん。生活保護の切り下げ。時々話題にはなる程度。溜息がときどきでる。「生活保護を切られる連中が多いよ。でたらめな生活をしてっからな」。リーダーの人たち。セツルメント。

しかし、誰がそれだけといえよう。炊き出しにはいろいろな人が並ぶ。二～三回並ぶ人もいる。喧嘩も起こる。ギャンブル。飲酒。誰がいけないと言えるのか。まして生活保護による不当な締め付けがあってはならない。「小野田市生活保護制度適正化条例」。生活保護を受給するだけで肩身の狭い思いをしなければならないのか。

「役に立ちたい」センター奉仕、炊き出しの中で中心。

濱野先生がなぜ寿の活動に打ち込まれたのか、私は、アーノルド・トインビーが労働者階級に向かって罪を告白したと同じ「罪意識」があったのではないかと推察しています。（トインビーの「罪意識」については六節で述べます）。

濱野先生の生涯を決定づけたものは愛恵学園との出会いでありました。帰天時は、愛恵福祉支援財団理事長であったことは摂理といえるでしょう。

濱野先生の歩みは、聖書の次の言葉そのものの生き方であったと強く思います。「自慢せず、高ぶらない。礼を失せず、自分の利益を求めず、いらだたず、恨みを抱かない。不義を喜ばず、真実を喜ぶ」。

キリスト者としての誠実な生き方を私たちに示してくださったこと、心から尊敬の念を抱いています。

社会館の理事長としてのお働きは『濱野一郎先生と横須賀基督教社会館』（二〇一八年、社会館発行）の「はじめに」に私は次のように書きました。

一九九九年三月、当時の富田富士雄理事長が九〇歳で天に召されたので、阿部志郎館長は富田先生の後任として濱野先生に白羽の矢を立てた。一九八二年から社会館監事としての経験があり、何よりも地域福祉の研究者、教育者として文字通り学識経験者であった。

阿部館長は、濱野先生を横浜に呼び出し、理事長就任を依頼し、承諾した濱野先生は一九九九年四月、社会福祉法人横須賀基督教社会館第五代理事長に就任された。後に濱野先生は私に「阿部先生に頼まれたら、断れないよ」と言われた。

二〇〇一年、中部学院大学に移られ、慣れない土地での生活にもかかわらず、二〇〇三年から社会館の再構築プロジェクトの責任者として先頭に立ち、職員を鼓舞し社会館の改革に取り組まれた。

亡くなる一か月半前、社会館館長室で、濱野先生、野原興望館館長、杉浦愛恵福祉支援財団常務理事と地域福祉のあり方を議論したのが最後となった。

(二) 阿部志郎先生

阿部先生については『もうひとつの故郷　美しいコミュニティへ』『信念に生きる。隷属から自立へ』何れも燦葉出版社などご自身の著者が多数あります。私自身は『横須賀基督教社会館創立七〇周年記念誌』(二〇一七年)に「阿部志郎の思想と実践」として、『キリスト教社会福祉学研究』第五〇号(二〇一八年、キリスト教社会福祉学会発刊)に「阿部志郎のキリスト教社会福祉思想形成過程と実践」として執筆していますが、ここでは『ソーシャルワーク研究』Vol. 三四　No. 四(WINTER 二〇〇九)に掲載した「いと小さき者の一人に　実践を支える福祉の心と哲学　―阿部志郎先生から学んでいること―」を要約して引用します。

一、阿部志郎先生と明治学院

阿部先生は、一九四九年大学設立時に経済学科で招かれたのに本人の希望で社会学科に採用された。「社会思想」を担当した専任教員時代の阿部先生のことを先輩から度々聞いた。それらの話から想像すると「将来を約束された若き学者として、また『使徒』と称されるまでに高貴な人格と、何人も愛と尊敬のうちに吸い込まないではおけない清新な魅力にみちた個性の持ち主」として阿部先生が描いたアーノルド・トインビーの人物像と一致するように私には思える。阿部先生が学生時代に傾倒したアーノルド・トインビーは、オックスフォード大学で経済学の講師をしながら、その一方で、ロンドンのスラムでセツルメント運動に身を投じた。その運動の中に倒れたトインビーは三一歳、阿部先生は三一歳の時にはトインビーの意思を継ぎたいという気持ちを持っていたことが、実践に入る決意をした要因の一つでもあった。

阿部先生は常々人との出会いの大切さを語っている。自身はアーノルド・トインビー（一八五二―一八八三、オックスフォード大学経済史学者、『英国産業革命史』）、岩下壮一（一八八九―一九四〇）、カトリック司祭、神山復生病院院長『中世哲學思想史研究』）、上田辰之助（一八九二―一九五六、東京商科大学教授、著書『聖トマス経済学』を読み入学を決意し一〇年間師事した）、井深八重（一八九七―一九八九、神山復生病院看護師、ナイチンゲール賞受賞、井深に出会い福祉の道へ進もうと決意する）、エヴェレット・トムソン（一八九九―一九七九、初代社会館館長）の名を挙げているが、阿部先生に出会って人生が変わったという人が大勢いるに違いない。特に若者にとっては大きな存在である。

一九五六年キリスト者学生協議会を組織し、（後にキリスト者社会事業協議会へ発展）毎年研修会を開催した。阿部先生は毎年主題講演を担当し、参加学生の人生に大きな影響を与えた。

二、社会館館長として

一九五一年の夏、阿部先生は米国インディアナ州で開かれたメソジスト教会宣教師会議に留学生として招かれた。このことが後の人生を大きく変えることとなる。この会議に社会館を一九四六年に創設したトムソン夫妻が出席していた。親しく声をかけてくれたが、その後は、ユニオン神学校のキャンパスで挨拶を交わす程度であったという。

数年後トムソンは突然、大学に阿部先生を訪ね、「館長として社会館を引き受けて欲しい」と率直な申し出をし、その後電報、電話で繰り返し督促をしたという。阿部先生にとっては助教授昇任前後の時期にあたり、社会思想史やセツルメントを中心とした研究と教育に情熱を注いでいたし、明治学院を担う若手研究者として前途を嘱望されていた。律夫人の「やってみましょうよ」という励ましでようやく決心がついたという。

館長に就任した一九五〇年代後半、地域の中には終戦直後の貧困が残っており、「それに直面して、どうすることもできず無力感を覚えさせられました」と告白している。就任当初は館長と保育所園長、母子寮長を兼務しており日々施設運営に埋没した。「それから約一〇年、施設の現業の仕事にのめりこみました。この間は勉強もせず、文章も書かずペンを折りました。一〇年くらいたってから、自分の仕事を少しずつ整理し、理論化しなければならないという意識になりました」（「社会福祉研究」八〇号）

障がい児をもつ母親の訴えに「肢体不自由児保育」を開始し、乳児保育、学童保育をいち早く実施し民間施設としての開拓性を重視し、専門施設として職員を充実させた。母子寮の縮小をめぐっての地元民生委員と鋭く対立したこと、運転資金借入を銀行から門前払いを受けたこと、ボーナス資金のためにラジエーターを屑鉄屋に売ったことなど経営の苦労も経験している。

阿部先生は、日本ソーシャルワーカー協会会長と日本社会福祉学会会長を務めた。社会福祉学会会長に選ばれたということは誰しも学者として見ているということだろう。本人は「私は学者ではなく、ソーシャルワーカーである。」と明言し、「長い実践のなかで、学んだこと、見聞したこと、涙したこと、微笑みを誘われたこと、感動したことは数えきれない。これらの体験を整理し、思索を跡づける、それが私の哲学である。」（「福祉の哲学改訂版」）と考えている。

三、再び教育者として

阿部先生は辞退するが周りがそれを許さず二〇〇三年、神奈川県立保健福祉大学の初代学長に就任する。横須賀・神奈川への「恩返し」と「経験と学識を若い人に伝えたい」ために。最初の学生を迎えた入学式での式辞では「約束を守る」、「時間を守る」大切さを説いた。阿部先生は、決して会合に遅れることはない。原稿の締切りも厳守する。忙しくて原稿が書けないと言う人がいるが阿部先生を見ていてこれは言い訳だと思う。阿部先生がどんなに忙しくても原稿締め切りを厳守することができるのは、どんな質問にも瞬時に答えるように常に頭の中が整理されているのだ。

大学ではヒューマンサービスをキーワードとして保健・福祉・医療各分野が連携した専門教育を確立した。公立校に「宗教と人間」という科目を置いたのは、阿部学長の「自分を超える存在を意識することがワーカーには不可欠だ」という強い信念が表れた結果だと思う。

四、人の人生を喜んで後押しする人

福祉、教育、医療関係の組織、団体の人が相談に訪れる。その一人ひとりの話に熱心に耳を傾け、適切なアドバイスをする。どれだけ多くの人々が阿部先生から希望を与えられ、人生の指針を示されたことだろう。

阿部先生の人生は上田辰之助教授の「門をたたき」、アーノルド・トインビー、井深八重という人物をとおして「門が開かれ」、エヴェレット・トムソンから「門をたたかれ」、小さな施設の現業の働きをとおして「わたしの兄弟であるこの最も小さい者の一人にしたのは、わたしにしてくれたことなのである」という聖書の言葉の生き方を私たちに示し続けている。

(三)　エベレット・トムソン先生

トムソン先生は、一八九九年、ニューハンプシャー州生まれ、ボストン大学神学部で学び一九二六年卒業と同時に日本伝道の望みに燃えて来日し、函館、弘前、長崎で伝道・教育に従事しましたが、戦争のため帰国を余儀なくされました。帰国後、志願してシアトルの日系人教会の牧師になりました。真珠湾攻撃で、日系人は強制的にアイダホの砂漠の真中に収容されることとなり、トムソン先生は家族と共に、直ちに砂漠の小さな町に移り、日系人の世話に明け暮れました。そこで、日系人達の教育・労働・家族関係・戦争をめぐる価値観の対立など深刻な問題に逢着して、社会福祉の修学を思い立ち、ニューヨーク社会事業大学（現コロンビア大学）大学院に学び、学位を得ました。

敗戦の混乱と窮乏のうちにある日本に再来日し、社会館のマスタープランを作った後、求められて一九四七年、沖縄でララ（救済事業）を創始し、翌年沖縄の任務を終え、ふたたび社会館館長として横須賀・田浦へ戻り、地域福祉の基礎を築きました。

一九五七年、社会館館長を阿部先生に託し、開設間もない明治学院大学大学院修士課程の教授として後進の育成に携わり、多く研究者を育てました。

ところが突然大学を辞して戦争中のベトナムで困っている人を助けに行くと言い出しました。今ベトナムは平和な国ですが、六〇年前から一三年間、ベトナムは北と南に分かれて戦争をしていました。一五年間に戦争で死んだ人は行方不明者を含めて約八〇〇万人の人が死んでしまう大きな戦争でした。

トムソン先生がベトナムにいった今から五二年前の一九六八年南ベトナムの首都サイゴンは最も激しい戦闘が繰り広げられていました。

なぜトムソン先生は最も危険なベトナムに行ったのでしょうか。トムソン先生は六八歳でしたし、健康がすぐれない時でしたので周りの人たちは反対しました。トムソン先生はこう言っています。「日本には多くの医者や教師や福祉関係者がいるが、戦争をしているベトナムにはそのような人たちがいないので、助けたい」。聖書に「心を尽くし、精神を尽くし、力を尽くして、あなたの神である主を愛しなさい。隣人を自分のように愛しなさい」（ルカによる福音書一〇章二七節）とあります。トムソン先生の愛誦聖句です。トムソン先生にとって国境に関係なく誰でも『隣人』だったのだと思います。

トムソン先生が働いた所は、約六千人の避難民の人たちが水道、便所もないようなところで生活していました。コレラ、マラリアなどの病気を持つ難民の世話をして目の廻るような忙しさだったそうです。また、体の不自由な身体障がい者二〇〇人の援助もしていました。

二ヵ年にわたる救済、更生活動の後、定年で帰国した後も引退を望まず、さらに三年間、黒人街でセツルメント活動を展開されました。ようやく長い奉仕を終えて、オハイオ州レバノンのオッターバイン老人ホームで心満たされた生活を始めたばかりの一九七九年、天に召され八〇歳の生涯を終えました。

第四節　横須賀基督教社会館で学んだこと

大学卒業後、社会館に就職することができました。ここで、社会館の設立時のことを書いておきたいと思います。

(一) 戦争から平和へ

横須賀には一八八四年、横須賀鎮守府が置かれて以来、海軍関係の施設が市内各地に配置されました。戦後、横須賀鎮守府はアメリカ海軍に摂取され米国海軍横須賀基地が置かれました。第四代目の司令官としてベントン・ウィーバー・デッカー海軍少将が赴任しました。デッカーは熱心なクリスチャンで横須賀を平和都市とするために旧日本海軍の施設をキリスト教を母体とする医療、教育、社会福祉のために転用しようと考えました。医療の分野は聖ヨゼフ病院と衣笠病院、教育の分野では栄光学園、清泉女学院小学校、中学校、青山学院大学横須賀分校、後に横須賀学院、そして社会福祉の分野では一九四六年旧海軍下士官集会所を使用して社会館が誕生しました。

デッカー司令官が一九五〇年、横須賀を離任する時市内の老人施設、保育所、母子寮の代表者一八人が福祉への理解と物心両面にわたる援助に対して感謝状を出しています。横須賀市民の生活と福祉のために貢献したことの証でしょう。

旧海軍の施設が医療、教育、福祉のために転用されたことは戦争から平和へと移行した象徴的なできごとだと思います。「平和なくして福祉なし」と言われますが福祉に携わる人は平和を求める人であって欲しいと思います。

誕生したばかりの社会館を育てたのがジョージ・アーネスト・バット博士です。バット博士は一九二一年から東京の下町で貧しい人々の救済事業に打ち込んでいました。宣教師ですが、自分自身はソーシャルワーカーと名乗っていました。太平洋戦争により一時帰国を余儀なくされました。

戦争が終結しすぐ来日し、経済的に困っている日本人を救うために組織された「ララ」の責任者として活躍した人です。「ララ」はアメリカの教会を中心として組織された公認の救済団体です。アメリカ各地から集められて救援物資（食料、ミルク、医薬品、衣類、文具など）を一四〇〇万人（人口の一五％）に届け、金額にして四〇〇億円を超える物資を配り、終戦直後の国民の窮乏を救いました。

一九四六年から一九五二年まで救援物資が届けられ、ララ物資による学校給食が大都市で実施され、今日の学校給食に繋がっています。

一九五〇年、社会館は財団法人となりバット理事長、トムソン館長コンビが誕生しましたが、一九五二年社会福祉法人に組織を変更する直前の三月、バット博士は天に召されました。

前述のようにトムソン先生は一九五七年、阿部先生と館長を交代し阿部先生は五〇年間館長として日本の福祉の発展、特に福祉思想に大きな貢献をされました。

㈡　田浦の人々

社会館は一九六八年に旧海軍の建物を全面改築しました。町の人々の間からは、建築に対して寄付をしていないので毎年秋に行われている社会館バザーに町をあげて協力しようという声があがりました。各町内から選出されたバザー委員が職員とバザー委員会を構成し、バザーの企画、実施、評価を行う仕組ができ、バザー当日のボランティア数三〇〇名という大きなバザーとなり、人と人が結びつく機会として町では大切な行事となっています。

四九年前、民生委員が一人ぐらし高齢者の生活課題を把握し約三〇名の高齢者が低所得、身寄りが少ない、虚弱などの理由により何らかの配慮、支援が必要であると判断しました。どのようことができるか相談し、㈠一人ぐらし高齢者の仲間づくり㈡民生委員との信頼関係の確立㈢住民に高齢者問題を喚起するデモンストレーションの三つの目的をもって一九七二年七月「老人給食」（月一回、一九七七年以降月二回）を開始しました。民生委員とボランティアが運営し、費用は毎年秋に実施している福祉バザーの収益の一部を充てました。

バザー、老人給食の活動をとおして、福祉に対する住民の意識が高まり、一九七四年二月、地域の福祉を自らの手で高めることを目的とした「田浦町たすけあいの会」が設立されました。この会に賛同する地域の人々を会員として、福祉基金を積み立て、その果実によって福祉活動を行うこととしました。民生委員・児童委員、青少年団体代表、自治会会長・役員、保護司、老人クラブ代表など地域内の福祉関係者を総動員し、お互いの活動を統合化し、町ぐるみの地域福祉活動を展開することとなり今日まで続いています。

事業面では、高齢者給食（老人給食を改名）、研修、八〇歳以上の人を対象とした長寿の集い、訪問活動、社会館事業へのボランティア、青少年活動、広報誌の発行、バザー活動などを実施し、資金面では、福祉基金約一、一一〇万円、会費収入年間六〇万、バザー収入二〇万です。

この会の特色は住民の手で活動資金を得、すべて住民ボランティアによって運営されていることですが、時代の変化に伴って活動内容の見直しがなされています。新たなボランティア団体が発足するなど田浦の町の住民福祉活動が盛んとなってきましたので、他の団体との連携や福祉基金を地域全体の福祉活動に使用するなどの改革が進んでいます。

町の自治会長や民生委員の方々からは多くのことを学んでいます。地域のことは地域の人が一番知っています。私のように他の地域で生活している者にとって地域の人は教師的存在です。特にそう思うのは次に紹介する老婦人の生活から学んだことが私の福祉観を転換させせました。

㈢　ある老婦人の願い

一九七〇年代後半、老人給食で顔見知りになった方々の日常生活がどのようなものか、生活に困難を覚えるのはどのような時かなどを知ることがニードの把握につながるのではないかと思いました。そこで民生委員に給食メンバー宅を訪問してお話を聞くことができるか相談しました。民生委員は訪問の趣旨を理解して下さり、数名のお年寄りを紹介して下さいました。その中で、私の福祉観を変えることとなる人のことは今でも鮮明に覚えています。

Aさんの年齢はもうすぐ八〇歳、腰が九〇度近く曲がり、歩行に多少困難を感じる人です。町の商店街から谷戸の奥深くにある自宅まで歩いて（交通手段は歩くしかありません）三〇分以上かかるところに住んでいます。谷戸特有の未舗装の坂を上ったところに老朽化した家がありそこがAさんの自宅でした。

家は土壁づくり、土間があり竈で煮炊きしていました。部屋の中は裸電球がぶらさがっていて、冷蔵庫はもちろんのこと、テレビも炊飯器も見当たりません。土壁の家は竹を編んで壁をつくり、わらをまぜてこねた土を塗っていく日本古来の家ですが一九七〇年代には首都圏では姿を消していたと思います。土壁はヒビが入り、冬は風が入りさぞ寒いだろう心配になりました。土間（家の中で床を張らず地面のまま）にある竈（土、石、煉瓦で築きその上に鍋、釜などをかけその下で火を焚き煮炊きするようにした）で上手にご飯を炊いたり、調理をするのが得意だと自慢しておられました。

ただ、野菜が一山いくらで売っているので、一度に煮炊きして同じものを数日食べることもあるとのことでした。

Aさんは一三歳の時に奉公に出され、奉公先にまで父親が借金をしに来たことが恥ずかしかったそうです。結婚し平穏な日々が続いていましたが空襲で焼け出され、親戚をたよって田浦に来て現在の家を借りました。子どもがなく養女をもらい三人で生活していましたが、夫、養女とも続けて亡くなり、生活に困窮する時期が長く続きました。生活保護を受けたいのに町内の偉い人に申請してもらえず、近所の人が見るに見かねて庭の草むしりをさせてくれ少額のお金をもらったりしたとのことです。

現在は生活保護と老齢福祉年金で「殿様のような生活」ができると言っていました。身寄りはほとんどなく楽しみは老人給食で休まず参加しています。

Aさんの身体的に不自由、居住環境の悪さ、一人暮らしで身寄り無し、生活保護を考えると私はAさんは老人ホームに入居するのが最も良いのではないかと思いました。ソーシャルワーカーとしてはAさんに何かアドバイスすべきではないかと思い「老人ホームに入ったらどうですか。食事、入浴もでき夏は涼しく冬は暖かいところです」と言いました。即座にAさんは「私はここで死にます。夫も養女も死んだこの場所で死にます」と強い口調で言われました。

　銭湯まで三〇分以上、せっかくの入浴も夏は汗をかき、冬は体が冷えるだろう、暖房もなく冬の生活は厳しいだろう、洗濯はたらいと洗濯板か、食事も単調だし、テレビもなく訪ねてくる人も少なくさぞ寂しい思いをしているだろう、という私の心配は余計なお世話だったのではないだろうか、Aさんが他人から見てどのような不自由な生活をしているとしてもAさんがここで死ぬということを決めているのであればその生活を続けるための支援を考えるのがソーシャルワーカーの仕事ではないか、と瞬時にひらめきました。

　当時の社会福祉の制度、サービスは施設中心で在宅者へのサービスは非常に限定的であったが幸いなことに一九七〇年中ごろから社会館はコミュニティケアを前面に打ち出すこととなりました。私自身もAさんの生活を思い浮かべながらコミュニティケアを課題として仕事に取り組みました。Aさんの話を聞くことで私の福祉観は変わりました。

第五節　社会福祉実践で大切にしたいこと

(一) 人間をどうみるか　――人間観の確立――

一、社会が捉えている老人像

私はAさんから話を聞き、また老人給食のメンバーの生き方を知るにつれ、今まで抱いてきた老人観が間違っていたのだと気づきました。老が付く言葉を挙げてみると「老化現象」、「老残」、「老朽」、「老醜」、「老廃」、「老獪」などマイナスイメージが強く、「老練」、「老師」、「老舗」などプラスイメージは多くありません。日本の社会では「老いる」ことを否定的に捉えていたようです。一九九七年の新聞記事から当時の様子を再現してみます。

子ども扱い（朝日新聞）

九七年八月、朝日新聞の特集記事として〝いのち長き時代に〟を連載した。シリーズの最終は読者からの便りが紹介された。〝揃いのベレー、赤いほお――子ども扱い――〟という大きな見出しで四人の経験談が掲載されていた。

熊本県に住む女性は、少し驚いた。母親が入っている老人福祉施設を訪ねたときのことである。

その日は、施設で暮らすお年よりの楽器演奏会の催し物があった。驚いたのは、その格好である。全員が揃いのベレー帽をかぶってエプロンをかけ、おまけに、左右のほおを赤く塗っていた。

お年寄りたちは、手にしたタンバリンやカスタネットを打ち鳴らし始めた。幼稚園のお遊戯を見ているようでならなかった。お年寄りたち表情が悲しげに見えた。彼女はこんな手紙を寄せた。

「私の母は施設での催し物を『子どもじゃあるまいし』と、ちっとも楽しみません。若い人が普通に話す言葉でも、老人には聞き取りにくいのです。ゆっくり大きく口を開けて話しかけることと、幼児のような言葉で話すこととは、違うことなのです」

前橋市の安田節子さんの父親は昨年、八四歳で亡くなった。父親は週二回のデイサービスに行くのを、ことのほか嫌がったという。

「いい年をして、そろって歌をうたったり体操をさせられたりが不愉快だったということと、とりわけジャージーの着用をすすめられるのが気に入らなかったみたいです。皆さん楽な服装で来られていますよと言われても、父は最後までカッターシャツの上にブレザーを着て、ソフト帽をかぶり、革靴をはいて迎えのバスに乗って行きました。

「世田谷区の老女七五歳」という署名のある手紙は

「大体、年寄りを子どもに帰ったと思う人が多いのには全く腹が立ちます。ちゃんと名前があるのに、おじいちゃん、おばあちゃんと言ったり、童謡をうたったり。私も大嫌いです」とやや激しい調子でつづられていた。

以上のような高齢者への対応はすべて払拭されてはいませんが、最近はだいぶ変わって来ているように思います。私はキリスト教の人間観を拠り所としています。

二、キリスト教の老人観

聖書の中には次の様な聖句があります。「白髪は輝く冠」（箴言一六章三一節）「白髪は老人の尊厳」（同二〇章二九節）ここでは老いは衰えの兆しではなく、栄光の象徴であると表現しています。さらに、「死に至るまで忠実であれ。そうすれば、あなたに命の冠を授ける」（ヨハネの黙示録二章一〇節）とポジティブにとらえています。

讃美歌では

「老いの坂をものぼりゆき　　かしらの雪つもるとも

かわらぬわが愛におり　　やすけくあれわが民よ」（讃美歌二八四番）

人生はつねに上り坂と賛美しています。私たちの感覚では働いている時が上り坂で、定年を迎えると下り坂の人生という捉え方をしています。ところがイギリスでは全く異なっているようです。

森嶋珠子さんが『英国のコミュニティ・ライフ』、（岩波書店、一九九七年）の中でイギリスの高齢者について書いています。森嶋さんは『イギリスと日本人』で著名になったロンドン大学教授、森嶋通夫教授の奥様です。主婦の目から見たイギリスの庶民の生活が描かれています。

イギリスでの生活が長い森嶋瑤子は、イギリスの高齢者は健康が許す限り自分の力で独立して生活して行く気持ちを持っていると言っています。家族も社会もその意志を尊重して、自分の力で生きて行けるように環境を整え、援助の手を伸ばす。イギリス人は、人間の存在はdignity（尊厳）を保たなければならないことを重視する。自分の力で生活することは、彼らの尊厳を保つための基本条件であるから、老人自身は出来るだけその条件を充たすことに努めるし、社会もそれを助けるのである。このように考えると老人をいたわるということは、人間としての尊厳、自由、独立を可能な限り持ち続け、社会の一員として留まれるようにすることである、と述べています。（英国コミュニティライフ六四頁）

人生は「教育期間」「経済活動期間」「退職後」と区分され第三の期間は決して余生ではない。今までとはまったく違った生活へのチャレンジです。日本では質の落ちた第二の期間の延長です。退職後に対する考え方の違いが明確に出ています。

三、キリスト教的人間観

現在の「社会福祉法」は社会福祉基礎構造の議論を経て二〇〇〇年に成立しました。社会福祉基礎構造改革の中心となったのは阿部先生です。委員会の議事録を見ると阿部先生の発言の背後にはキリスト教の思想があることが分かります。少なくとも私にはそう思えます。次の阿部先生の記述が端的に表しています。

新しい福祉理念は、人生の上り坂を上り続ける自立を前提に、弱さに手をそえる。これを「支援」という。

社会福祉は人間の福祉であって、そこでは「パン」は手段に過ぎない。パン以上の人間存在と擁護と人格の完成が社会福祉の目的であるからである。「支援」の概念は、人間的成長と人格の完成に向けての援助であって、単に物質的、肉体的、社会的援助のみをさすのではない。キリスト教的人格感が底流にあるのを見逃してはならない。

『新たな社会福祉の理念』　阿部志郎、土肥隆一、河　幹夫　中央法規　二〇〇一年

㈡　召命とソーシャルワーカー像

現場での経験から大学生あるいはすでに現場で働いている若い人にぜひ考えてもらいたいことがあります。専門職に関する古典的な論文、アーネスト・グリーンウッド（Ernest Greenwood）著〝Attributes of a Profession〟を素材とした嶋田啓一郎先生の論文からこのことを提示します。（『社会福祉体系論』ミネルヴァ書房、一九八〇年、三二三―三二四ページ）

グリーンウッドは、すべての専門職は㈠体系的理論、㈡専門的権威、㈢社会的承認、㈣倫理綱領、㈤専門職的教養の五要素持っていると述べています。（『社会福祉の専門職とは何か』鉄道弘済会、一九七二年に収録されています）。グリーンウッドは専門職的教養の内容として「その中心概念の一つがキャリアであり、一般的に専門的職業との関連でのみ使用される。キャリアの概念の中心は、とりわけ専門的な労働に対する一定の態度がある。キャリアとは本質的には「召命」〝a calling〟即ち「良き業」good work に献身する生活を言う。専門的労働は、目的に対する手段としてのみみられるのではけっしてない。それは目的そのものである」と述べている。この文脈から嶋田先生は「〝a calling〟は絶対者の叫び声であり、その召しに応答するという語義をもち、日本語の「天職」あるいはドイツ語の〝Beruf〟は、ともにそれに対応する麗しい言葉である。専門職的職業の奥底に、人間の実存に触れる真剣な生命的意義との対決が隠されている」ことを読み取る。嶋田先生は専門職としてのソーシャルワーカーにとって最も根源的な重要なことを指し示している。ソーシャルワークという職業に召命を覚え、ひとりの命に向きあう姿勢、このことさえ学生が在学中、あるいは現場の若い人が現場の仕事を通して学び得るとすれば専門職としての実践力は確実に身につくのではないだろうか。逆に言えば、ソーシャルワークの技術に長けていても職業に対する召命感が欠如していれば対人支援は表面的なものとなろう。

これからの社会福祉は『地域』を抜きには仕事はできません。たとえ入居型の施設で働くとしても、ぜひ下記のような地域基盤型のソーシャルワーカーとして育って欲しいと願います。

一．利用者一人ひとりを理解し、人権や人生を尊重する姿勢
二．受容・共感する力…信頼関係を形成し、その人の力を引き出す援助、コミュニケーション力
三．具体的プログラムを企画、実践、評価する力
四．専門職としてのチームワークや連携をつくり出し、実践する力
五．家庭との協力、家庭への支援

六．正確な記録を取り、支援計画を作成し、実践する。
七．専門職として必要な知識や技術を自ら進んで学ぼうとする。
八．専門職としての地域の理解、協力
九．ボランティア支援、福祉教育の理解と実践、ソーシャルワーク実習指導

職員一人ひとりの専門職としての成長がサービスの質を高めることに直接的に結びつくので人材育成は法人にとって最も重要な課題であると考えています。上記のような職員の成長目標を示すことと職員の成長をバックアップすること、さらに職員の主体的研鑽によって専門職集団としての働きを地域の中で果たすことができるようになると思います。

召命感持った若者が成長すべきソーシャルワーカーの姿をイメージしつつ現場実践に取り組むことによって利用者の人権は守られ、利用者の自己実現を支援し、人と人とを結びつけるコミュニティが造られていくのではないでしょうか。

スラムの改良を『召命』と感じ、全身全霊をそのために奉げた人がいます。イギリスの歴史経済学者、アーノルド・トインビー（Arnold Toynbee）です。

第六節　アーノルド・トインビー

阿部先生が大学生の時、生涯の恩師となる上田辰之助教授から〝LECURES ON THE INDUSTRIAL REVOLUTION OF THE EIGHTEENTH CENTURY IN ENGLAND〟『英国産業革命史』を読むようにと手渡されました。

「トインビーの友人で内務大臣をしたミルナーが一〇年後にトインビーの追憶を語ったものが、その本に一緒に入っていました。そのミルナーのトインビーの追憶を読みました。二〇数ページの短い文章です。字引を引き引き読みまして、私はトインビーの生涯と思想に大変心を打たれまして、この時からトインビーにとらわれまして、いまだにどこかトインビーを追い求めています」。

（『社会事業史研究』第三七号、二〇〇九年、「先輩からの助言阿部志郎先生」、一四七頁）

ミルナー卿（Lord Milner）が追憶（Together with a Reminiscence）としてトインビーを回想した演説の一部を紹介します。トインビーホール開設一〇年を経た一八九四年一一月、トインビーホールの会員に対する演説のために書かれたものです。

彼は、人類への奉仕に於いて、実証主義者の人後に落ちることを欲しなかったが、それは、彼が神を愛するが故にかかる奉仕観念を持っていたのである。しかし、人類への奉仕は熱心と献身以上のものを必要とした。当時、七〇年代の末頃、徐々にではあるが大きな社会的動揺の徴候が凡ゆる方面に見られた。それは困窮せる大衆の新しき要求であり、富裕な人々の新しき責任観念であつた。トインビーは常に労働者階級の要望に共鳴した。彼は、労働者階級の物質的状態の大改良といふ考へに燃えていたが、それはそれ自身目的としてではなく、より高い生活を可能ならしめるものとしてであった。併し、勇ましき理念主義を絶えず補っていた実際的常識を持っていた為、彼は、かかる改良は、知識なき情熱によつては、達成され得ないことを認めた。既に、精力と情熱は豊富にあつた。必要なのは指導であつた。そしてかかる指導は、富の生産と分配を支配する法則を研究して、競争と利己心という盲目的の力が、団体行動によつて如何にして又如何なる程度に、共通の利益の為に利用されるかを知っていた者からのみ得られたのであつた。彼が経済学の研究に近づいてのは、この点からであつた。宗教の為に、彼は社会改良家となつたのであるが、又その社会改良の為に、彼は経済学者となつた。

（川喜田孝裁他訳『英国産業革命史』高山書房、一九四三年）

阿部先生が今なおその姿を追い求めているアーノルド・トインビーとは何者か。阿部志郎研究にはトインビー研究が先決だ、との思いで遅まきながら資料を集め、セツルメントのことも調べています。トインビーもセツルメントも社会福祉士国家試験では形だけの遺物扱いされているのではないでしょうか。

アーノルド・トインビー（一八五三年―一八八三年）は、オックスフォード大学ベリオルカレッジで学び、ジョン・ラスキン（John Ruskin、一八一五―一九〇〇、オックスフォード大学教授、美学）やトマス・ヒル・グリーン（Thomas Hill Green、一八三六―一八八二、オックスフォード大学教授、哲学者）の影響を受けました。特にグリーンは師であると同時に親しい友人でもありました。グリーンは理想主義者でグリーンの倫理思想を一貫するものは『人格の完成』です。

トインビーの人格と思想はトーマス・ヒル・グリーンの影響を受けていると河合栄治郎教授（一八九一―一九四四）は指摘している。河合教授は日本で初めてグリーンについて研究した学者として知られています。戦前の本からの引用ですので難しいかも知れませんが、原文どおり引用します。

グリーンは数回の説教に於いて、愛は基督教の神髄なりと云い、隣人への愛が神への奉仕の道であると教えたことは基督教徒と労働者問題とを結合せしめた。彼の影響を最もよく体現したものとして、吾々は先ずアーノルド・トインビーを挙げることが出来る。

此の若くして仆れたる社会改良家は学徒として単に『産業革命論』の一書を残すに止まったが、当時社会に与えた感激は著しきものであった。彼は逸早く労働者教育に着眼し、労働者の隣保事業に先鞭を附けた。トインビーの死後その遺業を継がんとして、倫敦の貧民窟にトインビー・ホールが建設されたが、之が大学隣保事業（University Settlement）の先駆である。之により後いかに学徒と労働者とが接触し、いかに労働者の生活が高められたか。今や大学隣保事業は世界に隈なく普及しているが、その直接の原因はトインビーに在る、然しその遠源を遡らんか、グリーンの人格と思想にある。

（河合榮治郎『トーマス・ヒル・グリーンの思想体系』日本評論社、一九三八年、七二八―七二九ページ）

トインビーが活動した時代的背景は、次のようなものでした。

一八〇〇年代　東ロンドンにスラムが形成され始めました。ロンドン塔の東に位置するホワイトチャペル地区は最も貧しい地域でした。一八七二年、サミュエル・バーネット（Samuel Barnett、一八四四―一九一三）は、二八歳の時、聖ユダ教会の牧師に就任しました。宣教と同時に住民の生活向上のための地域活動を積極的に行いました。「芸術や文学をとおして心を開く文化」活動や慈善組織協会ホワイトチャペル地区委員、救貧法委員としても働きました。

一八七五年、バーネットは母校オックスフォード大学でスラムの実情を学生に伝え、学生が休暇中に東ロンドンでボランティア活動をすることを勧めました。

学生たちはこれに応え、その中で最も熱心な学生がトインビーでした。ホワイトチャペル地区に部屋を見つけ滞在しましたが、元来病弱な体質でスラムでの生活は難しく、そこでの生活を断念しキャンパス内でスラムの実情を仲間の学生に伝えることに力をいれました。短期間でしたがこの体験から彼は個人として進歩に貢献し、それによって自分の社会的義務を果たすことができる最も効果的な方法は直接労働者に語りかけことだと確信し、ここにトインビーは召命を見出しました。下層労働者が自分たちの将来を決定する能力を有していると信じました。バーネットは「オックスフォードにその人ありと後に知られるようになったアーノルド・トインビーは東ロンドンに住むことによって成長した」と述べています。（Asa Briggs〝Toynbee Hall The First Hundred Years〟五頁）

社会改良のために経済学者となったことは前述のミルナー卿が述べています。

二五歳で講師となりますが象牙の塔の生活ではなく「内部及び外部の必要のために激しい教育的社会的活動生活に転換されたのである」

一八八一年一〇月から一八八二年五月までオックスフォードのオナー・ヒストリー・スクールで一七六〇年より一八四〇年に至る英国経済史に関る連続講義をしました。トインビーの死後、ベリオル・カレッジのW・J・アシュレー（W. J. Ashley）とボルトン・キング（Bolton. King）たちの講義メモから編纂し『英国産業革命史』が発刊されました。

社会的活動では、「激しい市民的感情をもって、社会的、宗教的改革に打ち込んだ」。「社会改造即ち窮民救済制度」「労働者の住宅建設問題」「土地問題と農業労働者」「貧困問題」「進歩と貧困」などのテーマで労働者、資本家の会衆に啓蒙的講演をたびたび行いました。一八八二年、オックスフォードでヘンリー・ジョージの「進歩と貧困」について二回講義をしました。二回目の講義の最後に若い聴衆に大学で学んだ貧困救済を忘れてはならないと強く訴え、多くの学生はこれに感動しました。この講義がオックスフォードでの最後の講義となりました。

トインビーは、「中産階級（単に裕福ではなく）は、貧困に対して『道義にかなった行為でなく、慈善を行うこと』による過ちを犯しており、『われわれの生活を労働者の奉仕のために献げること』が中産階級の義務である」と考えた。

これがアーノルド・トインビーの贖罪意識と言われているものです。

シドニー・ウェッブは、この時期の知識階級や支配階級の心理的態度をその底流において既定していたのが「新しい罪の意識」であったことを指摘して、次のように述べています。彼女がいうのは個人的な罪の意識ではなく、「これまで途方もない規模で地代や利息や利潤を生みだしてきた産業組織がイギリス住民の大多数に対しては、見苦しくない暮らしとがまんできる程度の状態さえ提供することに失敗したのではないかという不安が高まり、やがて確信にまでなってあらわれた」そうした「集団的もしくは階級的な罪の意識」のことでした。彼女は、高い身分に伴う独創的な階級意識の罪の告白者の一人として夭折直前のトインビーを挙げ、下記の演説を紹介しています。(Beatrice Webb〝My Apprenticeship〟一九五頁)

この演説は一八八三年一月一八日、セントアンドリュースホールで「Mr. George in England」という演題で行なわれました。

われわれ知識階級は、いままで諸君を無視し、愛情の代わりに施しと無益な忠告しか与えようとしなかった。この誤りと罪をここに告白し諸君の許しを乞いたい。諸君がわれわれの誤りを許してくれると否とに拘らず、われわれは生涯を諸君に捧げ、諸君に仕える。われわれは社会的地位も名誉も欲しない。ただ諸君の信頼を求める。諸君の生活が向上し、より高き生活に達することこそわれわれの願いである。しかし物質的に豊かになってもそれが最後の幸福でないことを知って頂き度い。われわれは樹木のように天に向かって伸びてゆかなければならない。もし諸君が隣人を愛し、宏大な理念を抱き続けるならば、われわれの大きな喜びである。最後に言いたいことは、われわれが手を取り合うならば国家は偉大な事業を遂行し得るであろう。そして正しく贖いを求めることが出来るであろう。われわれはアイルランドに赦しを乞わなければならないし、他人種の人々を商業上の抑圧から保護しなければならない。そして凡ゆる他の人の愛を伝える努力をしなければならない。

（〝Progress and Poverty A Criticism of Mr. Henry George〟五三―五四頁に収録されています。この講演が終了した後倒れ、八週間後に召天しました。）

上記のことを阿部先生は「セッツルメントとして実践されたキリスト教的動機は、贖罪信仰であって、知識階級の労働者に対する、罪の執成しとして現れた」、「社会事業は、対象者と広域社会との『和解』の働きに他ならない。社会事業をするものは和解の使者でなければならない。社会事業が和解であるとすればそれは贖罪信仰を抜きにして和解は成り立たない」と指摘しています。

（「アーノルド・トインビーの生涯と思想　―セツルメント運動の社会思想史的考察　Ⅱ―」明治学院論叢　一九五七年）

第七節　セツルメント

最近、WEB上で興味のある記事を見つけました。「国家を再統合する：ビクトリア朝の人々は分離された社会を解決する方法を示すことができるか」というテーマです。イギリスで大学セツルメント運動を研究しているルシンダ・マシューズ・ジョーンズ（Lucinda Matthew-Jones）が投稿しています。要約すると、「イギリスではEUに残るかをめぐって両者のキャンペーンが行われた後、『分割された』、『分離された』という用語が多く使用されるようになった。このような現象は今始まったことではなく、一九世紀のイギリスで起こっていた。（大学セツルメント運動を紹介した後）バーネットが一三〇年以上も前に主張したように、我々が必要とするのは社会的排除に対する直接の知識と理解である。セツルメントの精神で我々は一緒に座って話をし、お互いに学ぶ必要がある。ビクトリア朝のセツルメント運動から成功したものと同じぐらいの彼らの間違いから多くを学ぶことができる」と言った内容です。

現代の日本は、「分離」された社会ではないでしょうか。二〇〇〇年に厚労省が『社会的な援護を必要とする人々に対する社会福祉のあり方に関する検討会報告書』で示した

「社会的排除や摩擦」、「貧困」、「心身の障害・不安」、「社会的孤立や孤独」の諸問題への解決が求められています。二〇〇〇年よりも現在の方がもっと深刻な事態となっていないでしょうか。「労働の二極化、所得格差の増大、健康の不平等、社会的孤立の蔓延」など社会の分断状況があります。今こそ、ジョーンズが述べているようにセツルメントの思想、方法に立ち返ることではないか、ここにセツルメントを研究する意義があるのではないかと思います。

トインビーが成したことは、貧困からの解放それ自体が目的ではありませんでした。「真の解決は、精神生活の高遠なる理想を得るため」「より純潔にして、より高尚な社会状態へ発展」させることでありました。衣食住はスラムの住民にとって生活必需品であり、目に見える欲求（wants）ですが、この人々にとって真に与えられらなければならないものは、目に見えない教育であって、これこそスラムの（needs）であると貧困の中に「人生の貧困」を洞察したバーネットに共鳴したトインビーなどの思想がNot money but yourself を根本精神とするセツルメント運動として社会的に実践されたのです。（阿部志郎「経済学史上のアーノルド・トインビー」上田辰之助監修『近代社会の諸問題』、有信堂、一九五七年）

現代社会は「人生の貧困」状態の人たちが多くなってきているのではないでしょうか。

「人間が人間らしく生きる」ことが出来にくい社会ではないかと思います。

私たちは、「より高尚な社会状況へ発展」させるための一翼を小さな実践かも知れないが、担っている。小地域での小さな実践がなくして、現代社会の課題は解決しないと思います。

おわりに

社会事業史、思想史の大家、吉田久一先生は「宗教にとって重要なことは社会の現実に苦闘する『生きる人間』に『生きる力』を与えることだと書いています。宗教社会福祉だけでなく社会福祉の使命も全く同じでしょう。

阿部志郎先生は「弱さを担うことに真実の人間の強さがあり、弱さを担うことに、人間としての栄光を感じる、そのようなワーカーに育って欲しい」と語られました。若者は自らの努力で「生きる力」を引き出せるワーカーに育って欲しい。

今、「生きる力」を失った人が何と多いことでしょう。読者の皆さまが福祉サービスの利用者の「生きる力」を引き出せるワーカーとなることを期待しています。

あとがき

阿部先生と四人の関係を簡単に記しておこう。

市川一宏は学生時代、知的障がい者の施設でボランティアを経験し横須賀基督教社会館（以下、社会館）に阿部先生を訪ね、感銘を受け福祉の途に進むことを決めた人である。日本キリスト教社会福祉学会などを通して交流が深まり、阿部先生の後を継いで同学会会長を務めた。時々田浦教会で阿部先生の隣の席で礼拝を守る。

村田哲康は学生時代にはキリスト者社会事業従事者協議会に参加し阿部先生と出会う。フィリピンから帰国後奉職した浜松の聖隷福祉事業団時代から日本キリスト教社会事業同盟や日本キリスト教社会福祉学会の会合などを通じて阿部先生の教えを受け、同盟の副理事長を長く務めた。神山復生病院記念館維持委員会の阿部委員長のもとで委員を務めている。

岸川学は幼ないころから教会で阿部先生に可愛がられ成長した。阿部先生は谷戸の中腹にある住宅に住んでおられたので「お山のおじちゃん」と呼んでいた。学生時代には阿部先生宅の草刈のアルバイトやお孫さんの相手をした。神奈川県立保健福祉大学に勤務し、時々阿部先生が遠方で講演なされる時、車の運転手として活躍している。最後に岸川洋治、私であるが他の誰よりも長く阿部先生にはお世話になっている。五四年前社会館のボランティアとなり、職員となった。母の介護のために北九州で七年ほど生活したが母を看取った後、社会館に戻り館長職を引継ぎ今日に至っている。阿部先生の論文集の編集協力者として二冊の本を出版したことは大変光栄なことである。

阿部先生から指導を受けたり、お世話になった人は大勢いるが、特に四人は生涯の師と仰ぎ畏敬の念を強く持つ者たちである。

阿部先生からは序文と数編の短編を寄稿いただき、市川一宏、村田哲康は大江亮一（燦葉出版社協力者）さんによるインタビューと執筆、岸川学、岸川洋治は原稿で提出した。

執筆者を代表して

岸川洋治

執筆者紹介

阿部志郎　一九二六年生　横須賀基督教社会館会長

一橋大学卒　明治学院大学助教授を一九五七年横須賀基督教社会館館長に就任（現在会長）、二〇〇三年神奈川県立保健福祉大学学長就任（現在名誉学長）

主著『福祉の哲学』誠信書房、一九九七年『もう一つの故郷』燦葉出版、二〇〇八年

市川一宏　一九五二年生　ルーテル学院大学学術顧問・教授

早稲田大学卒、東洋大学大学院博士前期課程修了、後期課程単位修得、一九八三年ルーテル神学大学（現ルーテル学院大学）専任講師、助教授、教授、学長（二〇〇二年四月より二〇一四年三月、二〇一八年四月より二〇〇〇年三月）を経て現職。

主著『「おめでとう」で始まり「ありがとう」で終わる人生　福祉とキリスト教』教文館　二〇一四年、『知の福祉力』人間と歴史社　二〇〇九年

岸川　学　一九七四年生　神奈川県立保健福祉大学専任講師
神川県立保健福祉大学大学院博士前期課程修了、明治学院大学博士後期課程単位修得
自閉症者通所施設「わたげ」を経て、二〇一一年神奈川県立保健福祉大学助教、現、講師
論文『自閉症者と家族の支援における課題―成人自閉症者と家族のライフヒストリーに基づく考察』「社会福祉研究」第一一八号、鉄道弘済会、二〇一一年
随想『「生きる」ということ―重度知的障害のある自閉症の人たちとの歩みからの考察―』「心と社会」No一七〇、日本精神衛生会、二〇一七

村田哲康　一九四八年生　四国学院大学名誉教授、(福)こころの家族顧問(国際人材育成)
四国学院大学卒、フィリピン女子大学社会事業大学大学院修了、聖隷福祉事業団、北陸学院短期大学、四国学院大学教授、聖隷クリストファー大学特任教授（二〇一七年まで）
共著『社会福祉の基礎体系』中央法規出版、一九八五、共編『高齢社会とネットワーク』海声社、一九九七

岸川洋治　一九四七年生　横須賀基督教社会館館長

明治学院大学卒　横須賀基督教社会館職員を経て一九九八年西南女学院大学教授、二〇〇四年同大学学長、二〇〇七年現職

主著『コミュニティ・センターと近隣活動』筒井書房、二〇〇四年

共著『エヴェレット・トムソン／ローレンス・トムソン』大空社、一九九九年

楽しく

・インタビュー、テープ起こし　大江　亮一
・挿絵　比留川　吉郎
　　　　比留川　多賀子
・編集協力　岸川　洋治
・カバーデザイン　群馬　直美
・カバー画の説明は本文 p.12〜13参照

福祉に生きる君へ―私たちは何を伝えてきたか―

（検印省略）

2021年3月25日　初版第1刷発行

監　修　阿部　志郎
発行者　白井　隆之

発行所　燦葉出版社　東京都中央区日本橋本町 4-2-11
電 話 03(3241)0049　〒 103-0023
FAX 03(3241)2269
http://www.nexftp.com/40th.over/sanyo.htm

印刷所　日本ハイコム株式会社